古典マルセイユ版から読み解く

タロットの謎

大澤義孝

アールズ出版

Ancien Tarot de Marseille

（第4グループ） 第1グループ

愚者

1番 奇術師

19番 太陽

10番 運命の輪

©France Cartes

002　　大アルカナ一覧

Ancien Tarot de Marseille

第2グループ

2番 女教皇

20番 審判

11番 力

©France Cartes

Ancien Tarot de Marseille

第3グループ

3番 女帝

21番 世界

12番 振り子

©France Cartes

大アルカナ一覧

Ancien Tarot de Marseille

大アルカナ一覧

Ancien Tarot de Marseille

第6グループ

6番 恋人

VI

L 'AMOVREVX

第7グループ

7番 戦車

VII

LE CHARIOT

15番 悪魔

XV

LE · DIABLE

16番 神の家

XVI

LA · MAISON · DIEV

©France Cartes

大アルカナ一覧

Ancien Tarot de Marseille

第8グループ

8番 正義

第9グループ

9番 隠者

17番 星

18番 月

©France Cartes

大アルカナ一覧

タロット人生劇場

シェイクスピア　作
『お気に召すまま』より

第二幕　第七場　140節、貴族のジェイクイズが詠む。

岩波文庫（1992年6月5日　第52刷）　阿部知二／訳

世界はすべてお芝居だ。

タロット人生劇場

男と女、とりどりに、すべて役者にすぎぬのだ。
登場してみたり、退場してみたり、
男一人の一生の、そのさまざまの役どころ、
幕は、七つの時期になる。

タロット人生劇場

第一幕

まずは赤ん坊、
乳母の腕に抱かれて、みゅうみゅう、ぴゅうぴゅう。

第二幕

やがて、泣き虫、学校子供、鞄(かばん)をかけて
朝は眩しい顔をして、のろのろ歩く蝸牛(かたつむり)、
不承不承に学校がよい。

第三幕

それから恋人、
炉(いろり)のように溜息ついて、哀れっぽくも作るのは
女の眉に寄する歌。

第四幕

それから兵隊、
怪しい御託ならべ立て、鬚は豹にさも似たり、
名誉争いはげしくも、喧嘩っ早いは滅法で、
泡(あぶく)の功名をもとめては、
大砲の口に飛びこんだ。

第 五 幕

それから裁判官殿、
食用鶏＊をつめこんで、腹をみごとに真円（まんまる）く、
眼つきはきつく、鬚は鯱（しゃちほこ）さながらで、
ごもっともなる格言や、月並み文句吐きちらし、
その役どころ相勤める。

＊去勢した鶏のこと。シェイクスピア時代に裁判官がよくこの去勢
鶏を賄賂にとったので、そういう定り文句になっていたという。

第六幕

さて第六期となれば、
ひょろひょろの、スリッパはいた間抜け爺、
鼻には眼鏡、腰には財布、
よくぞ蔵っておったのは、若い時分の長靴下、
ちぢんだ脛には、大きすぎ、雄々しい昔の大声も、
またもや子供の甲声で、笛ふくように
ぴいぴい、ぴゅうぴゅう鳴るばかり。

第七幕

さて大詰めの一場、
この奇しき波瀾の一代記の大団円と申すのは、
第二の嬰児(みどりご)、それからまったくの暗転、
歯なく、眼なく、味覚なく、何もない。

シェイクスピアの詩によれば人生ここでおしまい。

タロット人生劇場

はたして、そうかな？

はじめに

　本書は、タロットカードの寓意画の謎解き本だ。その寓意画は不思議でエッチでちょっぴり怖く、人々を魅了してやまない。

　本書は「タロット占い」については一切触れない。しかし、本書を読めばタロットの本質を理解できるだろうから、それが占いに役立つときもくるかもしれない。

　序章の「タロット人生劇場」は、ウィリアム・シェイクスピアの喜劇『お気に召すまま』の中で貴族のジェイクイズが語った詩に、筆者がタロットカードを添えたものだ。人が生まれ、学生、恋する若者、兵隊、裁判官、老人となっていく過程が、タロット（大アルカナ）の、5番（教皇）から9番（隠者）までにぴったり一致している。生まれた赤子が道化（愚者）なのは、まだ言葉も知らぬ愚かな状態にあるからだ。これを読んで、「ああ、なるほど、そういうことなのか」と腑に落ちた方には、本書を是非読んでほしい。

　本書ではこれを手がかりとして、大アルカナ全体の謎解きを試みる。

➤愚者や1番（奇術師）から21番（世界）まで通しで見たときには、どのような物語になっているのだろう？

➤登場するキャラクターたちは、なぜその面々が選ばれているのだろう？

➤その面々でなにを物語っているのだろう？

➤なぜこの順番に並んでいるのだろう？

　ほとんどのタロット本は、カードの相互関連性については目もくれない。謎に満ちた寓意画の集合体であるタロットが、全体でなにを寓意しているのかについても触れようとしない。全体を繋ぐ糸がなく、「木を見て森を見ず」なのだ。

タロットは一枚一枚が深い寓意画として描かれているのはもちろん、それぞれのカードが相互に関連しあい、意味を補完しあうようになっており、さらにそれら全体である種の「物語の構造」が暗示されている。

　物語ではなく「物語の構造」と言ったのは、それが何か特定の物語になっているというわけではなく、おはなしの骨組みのようなものが示されているからだ。

　しかし、物語の骨組みというのはとても抽象度が高いもので、骨組みにどのような肉付けをするかによって、まったく別のおはなしになる。肉付けの仕方を変えれば、聖書の『出エジプト記』のようになったり、『ヨハネの福音書』になったりもする。骨組みを知っている人にはそれとわかるが、知らない人は気づかない。

　「タロット人生劇場」も骨組みにほんの少し肉付けして作られた物語といえる。教皇と弟子、恋人、戦車と戦士、裁判官、隠者の老人、これらを繋ぐ糸がシェイクスピアの詩で明らかになったが、それに気づかなければ、タロットが全体で暗示している物語は見えてはこないだろう。カード一枚一枚は、タロットの骨組みを構成している骨の一つ一つと見なすことができ、番号がついているので並べ方も示されてはいる。しかしそれがどのような糸で結ばれているのか、なかなか気づかないものだ。

　人が生まれて成長して恋をして結婚して戦って繁栄して引退して死ぬという、この当たり前にしてもっとも謎に満ちた現象をシンボライズしたタロット。タロットがどうして占いに使われるのかというと、占いは人生相談であり、人生のすべての段階がタロットに含まれているからだろう。

　ところで、シェイクスピアが“世界はすべてお芝居だ”と言っているように、私たちの現実の生活もおはなしの連続と見なすことができる。また、「歴史は繰り返す」と言われるが、それは歴史が物語のように伝えられ、同様の話は今も繰り返されていることに気づくから、そう言われるのだろう。つまり、タロットが黙示している物語の構造は、現実世界の物語の構造でもある。タロットという物語の構造を理解すれば、森羅万象の中にもその構造が潜んでいることが見えてくるのだ。

- ●大アルカナ一覧……………………002
- ●タロット人生劇場……………………009
- ●はじめに……………………021

第1章 なぜ、マルセイユ・タロットなのか

- ●大アルカナ……………………028
- ●小アルカナ……………………029
- ●本書はマルセイユ版を解読する……………………030
- ●マルセイユ版は哲学的知育玩具……………………033
- ●78対22の法則……………………036
- ●タロットと本書を読み解く鍵……………………038

第2章 大アルカナを読み解いてみよう

- ● **愚者**……………………042
  光を放つ怪しい袋／道化とお太鼓持ち／道化の特権／愚者と犬／王子様のドM生活／旅する車寅次郎／道化の脚衣／現代の道化／チェックメイト
- ●I **奇術師**……………………050
  旅する道化が町に着くと／魔法と手品と超魔術／1は神／少年は魔法使い／二つのサイコロ／運命の輪との共通点／机の脚が三本
- ●II **女教皇**……………………058
  女の教皇などいない／神の母にして永遠の処女／女教皇はメイド・ロボ／誰のものでもない偶像／物語を紡ぐ者／お姫様は怖い女／タロットの奥義伝授／ジョヴァンナ伝説／信仰と謎

と無知／奥義を見つけし者に祝福を

●Ⅲ　　女帝……………069
　　　1＋2＝3／王権の証レガリア三点セット／鷲の盾／土の翼／平安時代の奇術師と女教皇

●Ⅲ　　皇帝……………075
　　　王の傍らには道化がいる／王は横顔で描かれる／定規を持つ皇帝／4は立ち上がる数／一本足で立ち続ける代理王／受精卵／奇術師の股下のナニか

●Ⅴ　　教皇……………080
　　　教会と寺子屋／差別の始まり／天国の門の鍵を持つ者／千年前から今も続く聖ヨハネ騎士修道会／富と名誉か、永遠の命か／日本昔話『三枚のお札』

●Ⅵ　　恋人……………086
　　　変なタイトル／なぜ三人いるのか／リリスとエバ／性器はインターフェース

●Ⅶ　　戦車……………093
　　　労働の始まり／ベン・ハーの戦車競走／四方の柱と三角の屋根／家には表札がある／三組の夫婦／二頭立て馬車と魂の三部分説

●Ⅷ　　正義……………102
　　　権力の座についた者／正義の女神は売春婦／閉ざされた神殿の門／柱の高さがちがう訳／真正面を見ているキャラクター／4の倍数は王

●Ⅷ　　隠者……………109
　　　隠者の語源／魔法使いの側面／周縁の番人／誰と会っているのか／シノペのディオゲネス／鐘を鳴らすと皆が道をあける／老人と少女／川端康成の『眠れる美女』／女の性感は男の十倍と言った預言者

●Ⅹ　　運命の輪……………117
　　　悪魔の車輪／遊園地は回りものばかり／後生車が逆に廻ると地獄に落ちる／悪魔の車とロバの車／居場所をなくし阿呆船に乗って

●Ⅺ　　力……………124
　　　女子レスラーは恋愛禁止／二つあってこその力／顔ハメ看板／赤マントの理由／チャンピオンの帽子と王冠／獣と戦うための腕甲／ムツゴロウさんは犬の口をこじ開けると／無限の力は二つある／ウエイト版の8と11の交換

●Ⅻ　　振り子……………132
　　　「吊された男」はなぜ男なのか／12は時の数／イスカリオテのユダ／時間と身体／子宮で眠る胎児／幽体離脱や臨死体験の寓意／カバラの星をタロットで解読

●ⅩⅢ　　（無題）……………139
　　　なぜ無題なのか／農夫と皇帝／死と税金からは逃れられない／道化恐怖症／畑で一本足で立っているもの／ここより魑魅魍魎界／お遍路さんというシステム

●ⅩⅢⅠ　　節制……………145
　　　欲望に制限をかけること／子供のころ練習したあの動作／濁った水をきれいにするには／死

●XV　悪魔……………………152

山羊ではない、鹿だ／夜に全裸で／コウモリの翼／悪魔は冷たく乾いている／悪魔は死なない／デーモンとペンギン／折れた剣の端を握って／逃げないのか、逃げられないのか／悪魔は正直者

●XVI　神の家………………………161

はしごを天使が上り降り／神の家は病院／監獄建築パノプティコン／塔あるところに戦いあり／有名になりたぁい！／三つ窓の塔と聖女バルバラ伝説／浮遊する丸いつぶ／雷は神の権能／平方根と平方数

●XVII　星…………………171

髪は切ってもまた生える／裸の娘の雨乞い儀式／天の時間と地の時間／コンパスマークと星の海／星はなんでも知っている／金星・シリウス・北極星／二つのものが一つに見える／渡り鳥とパンスペルミア仮説

●XVIII　月…………………179

夜の女王／月と犬と女と／月とザリガニは何度でも蘇る／分割統治／雫の意味するもの／地球の生き物は月に食われる／星の河は月の池に流れ込む

●XVIIII　太陽………………188

太陽が放射する二つの力／奇術師と運命の輪と太陽／双子の一人はいなくなる／人類初の殺人／俺の市壁を跳びこすやつは殺す／ギリシア神話の双子たち／グレートツインズとメトン周期／18番の月の正体／素数のカード

●XX　審判………………196

開かれる墓／閉じたり開いたりする場所／墓と本／閉じられる墓／エレウシスの秘儀／『黄金の驢馬』と幽体離脱

●XXI　世界………………203

四聖獣とスピンクス／四聖獣と黄道十二宮／四大元素と色／虹のゲート／バトンとネックレス／第五元素／般若心経／愚者は虚数／ダライ・ラマの亡命と吉祥布

第3章　タロットと物語（おはなし）

●『出エジプト記』と大アルカナの照応………………216

1〜4章　モーセ誕生／5〜11章　ファラオとの交渉／12章（振り子）　エホバ、大虐殺を敢行／13章（無題）　出エジプト／14章（節制）　モーセ、海を割る／15章（悪魔）　民が主を

崇拝する／16章（神の家）　エホバ、マナを降らす／17章（星）　モーセ、水を湧かせる／18章（月）　エトロ、モーセに民の管理法を教える／19章（太陽）　モーセ、主と対面する／20章（審判）　モーセ、十戒を授かる／21章（世界）　エホバ、法を敷く

●ホロコースト（『夜と霧』）‥‥‥‥‥‥‥‥223

11番（力）　秘密警察が捕まえに来る／12番（振り子・逆位置）　列車で立ったまま揺られて／13番（無題）　選別人が生か死を決める／14番（節制）　シャワールームで洗浄／15番（悪魔）　悪魔の家の強制労働／16番（神の家）　ガスかまどからの救出／17番（星）　飢餓からの回復／18番（月）　日常が戻ってきた／19番（太陽）　蛮行は白日の下へ／20番（審判）　裁かれる元ナチス／21番（世界）　物語の完成

●『ヨハネによる福音書』と大アルカナの照応‥‥‥‥‥‥‥‥226

1章（奇術師）　イエス、ペトロを弟子にする／2章（女教皇）　イエス、母に悪態をつく／3章（女帝）　イエス、人々に洗礼をさずける／4章（皇帝）　イエス、俺がメシアだと名乗る／5章（教皇）　イエス、俺は神の子だと名乗る／6章（恋人）　イエス、俺を信じるかと人々に問う／7章（戦車）　イエス、働け／8章（正義）　イエス、裁かない名裁きをする／9章（隠者）　イエス、盲人の目を治す／10章（運命の輪）　イエス、元の場所に戻る／11章（力）　イエス、死者を生き返らせ虎の尾を踏む／12章（振り子）　イエス、葬りの日が近いことを告げる／13章（無題）　イエス、ユダを切る／14章（節制）　イエス、父の家に里帰りすると言う／15章（悪魔）　イエス、自分につながっているように言う／16章（神の家）　イエス、弟子たちに試練を予告する／17章（星）　イエス、天に祈る／18章（月）　イエス、逮捕される／19章（太陽）　イエス、日干しになる／20章（審判）　イエス、復活し墓から出る／21章（世界）　イエス、ペトロを教皇に任命する

●輪廻転生の車輪‥‥‥‥‥‥‥‥242

死のプロセス／臨死体験や幽体離脱のプロセス／お葬式のプロセス／器作りのプロセス／再生のプロセス／片足立ちのサイン／あれでもなければこれでもねぇ

●あとがき‥‥‥‥‥‥‥‥252

祐天寺タロット研究会／これであなたも違いのわかる人／謝辞

第1章

なぜ、マルセイユ・タロットなのか

大アルカナ

　巻頭カラーページの「タロット一覧」は一組のタロットカードの中の大アルカナ（Major Arcana）と呼ばれる22枚のカード群だ。アルカナとはラテン語で秘密とか神秘という意味だ。

　「タロット一覧」は象徴的に関連性の高いカードをグループ化して並べてある。詳しいことは後にして、まずどんな図像があるか眺めてみよう。

　大アルカナには、道化や奇術師、女帝や皇帝、教皇、恋する若者たち、戦士、裁判官、修道士といった個性的な人物像や、天使や悪魔といった超自然的な存在、星や月や太陽といった宇宙的なシンボルが登場する。女教皇、教皇、隠者、悪魔、審判などのカードを見ると、キリスト教の文化色、特にカトリックのそれが顕著に表れているように思える。

　絵の上部にローマ数字で1番から21番までの通し番号が振られている。ただし一枚だけ番号のないカードがある。これは愚者と呼ばれ、トランプのジョーカーのように仲間はずれとされるカードだ。ジョーカーには番号はないものだ。

　カードの下部には絵の題名が書かれている。ただし一枚だけ無題のカードがある。それは13番で、「死」または「死神」と呼ばれる。死は縁起の悪い忌み言葉とされて伏せられたのだろう、というのが一般的な解釈だろうが、それ以上の意味もあるように筆者は思う。おいおい説明していくことにしよう。

　ところで、絵や写真につけられる題名はとても重要なものだ。それによって絵の印象が大きく変わってしまう。写真コンテストなら題名のつけ方で入選か落選かが決まることもあるだろう。「写真と題名」で一つの作品なのだ。

　それと同様に、大アルカナの絵と題名も、そして番号も、切り離して考えるべきではない。大アルカナは数字の意味を絵解きしたものではないし、題名を絵解きしたものでもない。大アルカナの各カードは「数字」と「絵」と「題名」の三つ組で一つのシンボルを成している。つまりキリスト教の三位一体思想に通じるものがあって、それぞれに優先順位はないし切り離すこともできない、と筆者は考える。

小アルカナ

　タロットカード一組は78枚のカードから成り、そのうち22枚がすでに説明した大アルカナ、残りの56枚は小アルカナ（Minor Arcana）と呼ばれる。

　小アルカナは4つのスートから成り、各スートは10枚の数札と4枚の人物札で14枚から成る。小アルカナはトランプとよく似た構造をしている。

◉4つのスート

　トランプに、スペード、クラブ、ハート、ダイヤという4つのスートがあるように、小アルカナにもソード（剣）、ワンド（棍棒）、カップ（聖杯）、コイン（金貨）と呼ばれるスートがある。

　「剣」は王族や貴族のアイテムであり「政治と軍事」を司る「指導者」を象徴する。「棍棒」は4スートのアイテムの中で唯一、生物由来であり、古代では畑を耕す道具でもあったことから「農業」を象徴するが、広義には「生産者」を象徴する。「聖杯」は宗教上の法具であり、「宗教」と「聖職者」を象徴する。「金貨」は「経済」と「商人」を象徴する。これらは国にとって重要な分野でもあるし、階級とも見なせる。

　4つのスートは四大元素〈風・火・水・地〉に照応する。ソードは〈風〉、ワンドは〈火〉、カップは〈水〉、コインは〈地〉に照応する。四大元素については21番（世界）のところで詳しく解説する。

◉宮廷カード

　トランプの人物札（宮廷カード）にはキング、クイーン、ジャック（召使い）の3人がいる。小アルカナには、キング（王）、クイーン（王妃）、ナイト（騎士）、ペイジ（小姓）の4人がいる。小姓というのは騎士に仕える雑用係で、ジャックと似たような役柄といえるかもしれない。ナイトは王と王妃に仕え、馬に乗った人物として描かれる。つまり、トランプの人物札にナイトはいない。

　これら4人もしくは4つの位階は、父、母、兄（姉）、弟（妹）という家族を意

味している。家族とは最小単位の王国で、小アルカナにはスートの違う4つの王家がある。ソードは「政治の王家」、ワンドは「産業の王家」、カップは「宗教の王家」、コインは「経済の王家」だ。政治権力を握っているのはソードの王で、残りは各分野のトップという意味での王なのだろうが、「カノッサの屈辱」の話（後述）のように、宗教の王、つまり教皇の力が王の力を超えてしまうようなことも起きたりする。これら4人の王のうち一人でも欠けると帝国は立ちゆかなくなるので、互いに対等の関係にあって絶対的な順位はないのかもしれない。

　宮廷カードは四大元素と4つの位階の組み合わせであり、人物キャラクター16人の性格を表現する。

◉数札

　トランプと同様に各スートには1から10までの数札がある。数札はスートと数字を表す。各スートの数札は各王家に仕える兵隊もしくは領民の序列と見なせるだろう。

　本書のテーマは大アルカナの謎解きなので、小アルカナについての解説はこれくらいに留めておこう。

本書はマルセイユ版を解読する

　筆者が中学生のころ、タロット占いの入門書には「タロットの起源は謎」と書かれていた。あれから40年以上たったが、状況はあまり変わっていないようだ。中世のイタリアのどこかという線が有力と言われるが、証明されたわけではない。そう簡単に解明できるようなものではないらしい。

　タロットは占い用途だけではなくゲームや賭博にも使われてきた。観賞の対象になることもあった。本書はそれらの楽しみ方とはまた違う、「カードの寓意画を推理して読み解く」というパズルのような楽しみ方を提示している。

1400年代以降、西欧を中心に様々な国や地域で、様々なタロットが作られたが、爆発的に種類が増え始めたのは1970年代のタロットブームのころからだ。21世紀の今、タロットは世界中に何百何千もの種類があり、絵が大きく違うものもあれば、もはやタロットとは思えないほど魔改造された製品もある。世界中に愛好家がいて、漫画やアニメでもお馴染みのアイテムにまでなった。

　タロットを選ぶとき、占いに使うのであれば、占い師が感情的・感覚的に気に入った品を選べばよいだろうが、タロットの寓意の謎解きに挑むときはそういうわけにはいかない。絵や番号や題名が変われば当然解釈も変わってしまう。描かれていなければいけない象徴物が漏れなく描きこまれていることや、無意味、または間違った象徴物が描かれていないことが大切だ。そうでないと、解けない不良品パズルに挑むようなはめになってしまう。その意味では、はっきりとできのよい品とできの悪い品はあるのだ。

　本書ではグリモー（現・フランス・カルタ社）のマルセイユ・タロットを使用する（図1）。フランス語版（青箱）と英語版（赤箱）があるが、本書では青箱を採用する。世界的にみて大変メジャーなタロットだろう。他社製品とくらべ紙質のよさは別格で高級感があり、手触りもよく丈夫で長持ちする。印刷もシャープで美しい。**本書で「マルセイユ版」と表記するときは、このタロットのことを指している。**

図1

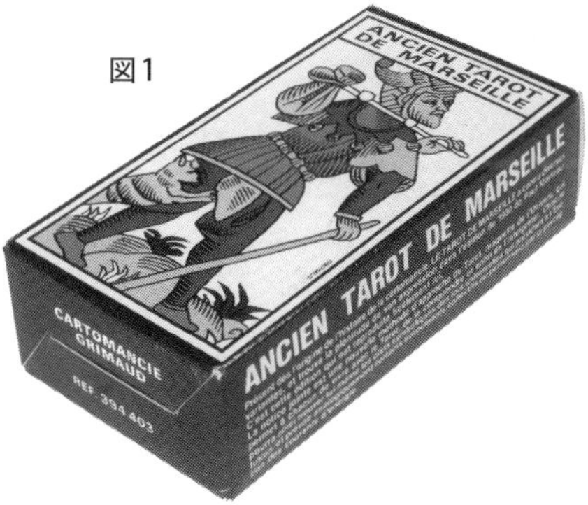

　マルセイユ版は1930年にフランスのポール・マルトー（Paul Marteau）によって作られた。年代が新しいことに驚かれたかもしれない（といっても80年以上昔のことだが）。

本書はマルセイユ版を解読する

マルセイユ版の名前の由来について、鏡リュウジは『タロットの秘密』[1]の中で次のように説明している。

"フランスのカードメーカーであるグリモー社が、マルセイユで活動していたカード製作者ニコラス・コンバーが一七六〇年に製作したタロットに、多少の修正を加えたうえで、製作者にちなんで「マルセイユのタロット」として復刻、出版したのである。このセットは大ヒットし、以後「マルセイユ版」の名称が普及、定着してゆくことになる。"

この「多少の修正」が、筆者はとても気にいっている。詳しくはおいおい説明していこう。

マルセイユ版にはたくさんの類似品が存在する。そもそもマルトーのマルセイユ版が、コンバー版（Nicolas Conver）の類似品だ。そしてコンバー版以前にもほぼ同じ図像で細部は少しずつ違うタロットが多数出版されており、1709年製作のピエール・マドニエ版（Pierre Madenié）が現存するもっとも古いマルセイユ系タロットと言えるかもしれない。マルセイユ版の原型となった最古のタロットは、1660年ごろパリに登場したジーン・ノブレ版（Jean Noblet）とされる[2]が、ノブレ版とマドニエ版やコンバー版との絵の差異はかなり大きい。たとえば、お誕生日のプレゼントにマルセイユ版を頼んだのにマドニエ版やコンバー版がやってきたとしても、まだ許せるだろう。しかし、ノブレ版がきたら、多分許せないだろう。それくらいの違いはある。

マルセイユ・タロット（Tarot de Marseille）という名前は、1930年から広まったもので、それ以前は別の名前で呼ばれていたわけだ。マルトーのマルセイユ版が大ヒットしたため、マルセイユ版という名称は、今ではコンバー版も含めた類似のタロット（以下、マルセイユ系タロットと呼ぶ）総称になってしまったということらしい。

マルセイユ系タロットは、製品ごとに細部を見ていくと相違点も多いのだが、大筋ではどの製品もほぼ同じ図像を保っているので、どれを使おうと本書を読むに当たって不都合はほとんど生じないだろう。しかし絵の細部にこそ作者の

1　鏡リュウジ　『タロットの秘密』　講談社現代新書　2017年
2　Stuart R. Kaplan, Jean Huets 『The Encyclopedia of Tarot』 Volume 2, US Games Systems, 1986, p307

個性が表れるもので、そこに大きな秘密やトリックが隠されていたりする。筆者がマルセイユ版を好むのは、そういう細部の遊び要素によるところも大きく、それの種明かしもするつもりだ。

　なお、マルセイユ版は版元のフランス・カルタ社から正式に許可を戴いた上で掲載している。ウエイト版は我が国ではすでに著作権が切れている。この二つは完全に著作権問題をクリアにすることができた。

　本書で時々引き合いにだすその他のタロットは、Googleで画像検索すれば、すぐに高精細フルカラーの画像を見つけることができるだろう。カードの図像を書籍へ転載するのは、著作権を正式にクリアしていくとなるとかなり厳しいものだ。しかし、ネットなら大概のものは自由に閲覧できる。検索すれば済むことだ。ノブレ版などいくつかの古典タロットはフランスの国立図書館サイト（http://gallica.bnf.fr）で"tarot"で検索すれば閲覧できる。

マルセイユ版は哲学的知育玩具

　タロットには大きく二つの流れがある。マルセイユ版とウエイト版だ。ウエイト版はアーサー・エドワード・ウエイト（監修）とパメラ・コールマン・スミス（絵）の共作で、1909年12月にロンドンのライダー社から出版された[1]。正式名称はライダー・タロット（THE RIDER TAROT DECK）だ。マルセイユ版はカードゲーム兼占いカードだが、ウエイト版は占い専用カードとして誕生した。

　ウエイト版の大きな特徴のひとつは、8番（正義）と11番（力）の絵が入れ替えられたことだ（次ページ図2）。マルセイユ版8番から正義の女神の姿が消え、ペットのように獅子と接する女性が登場し、「剛毅（STRENGTH）」というタイトルに変更され、正義の女神は11番になった。

　これでは兵隊に行ったあと裁判官になった本書冒頭の「タロット人生劇場」

1　Stuart R. Kaplan　『The Encyclopedia of Tarot』　Volume 3, US Games Systems, 1990

図2

と一致しない。タロットはカードとカードが相互に関連しあっているので、この交換は後々他のところにも矛盾を引き起こしてしまう。

　フランスの隠秘学思想家、エリファス・レヴィがこんなことを言っている。

　"一冊の本も与えられずに牢屋の中に閉じ込められても、たまたま「タロット」を持ち合わせていて、そしてその使い方を心得てさえいたならば、数年のうちに彼は、宇宙全般にまたがる知識を手に入れて、万事にかんして比類ない理論

と尽きない雄弁をもって語れるようになるだろう[2]"

　この一文、多くのタロット占い本に引用されている名文だが、レヴィは牢屋の中でタロット占いの練習をしろなどといっているわけではない。タロットの沿革を研究しろということでもない。

　「一冊の本も与えられずに」というところが重要で、**なるべく先入観を持たずにタロットの絵と向き合って、暇に飽かせて素直に寓意を読み解く行為が必要だ**ということだ。タロットは読み物なのだ。

　しかしタロットからは自分の頭に蓄えられた（暗黙知も含めた意味での）知識が出てくるだけなので、本すら読まずにタロットを見ているだけでは、すぐに枯渇してしまうだろう。だからレヴィの言葉は少し誇大広告だが、まったくの嘘でもない。本や経験から自分の知識を増やしつつ、タロットの寓意の謎解きに挑むなら、映画『2001年宇宙の旅[3]』で、モノリスに触れた猿に知的進化がもたらされたように、ある種の知的成長が促されるだろう。タロットは**哲学的な知育玩具**なのだ。

　ただしそのためには、彼が生きていた時代（1810〜1875年）のタロットである、マルセイユ系タロットを持っていることが暗黙の前提だろう。

　ウエイト版しか知らないとすると、人生のライフサイクルが描かれていることに気づくことは難しいだろう。それがわからなければ、タロットの寓意は解けるわけがない。早々に理解の進展は行き止まりになるか、道を外れて歪んだ理解に到達するのではなかろうか。ウエイト版の愚者（0番）はその行く先を暗示しているかのようだ。

　とはいえ、カードの順序が入れ替わったり、一部の絵が差し換えられたりしたところで、タロット占いをするときに不都合が生じることはなにもないだろう。占いではカードの絵こそ重視されるが、カードの順番が重視されることはまずないからだ。そしてウエイト版は占い専用カードだ。

2　エリファス・レヴィ　『高等魔術の教理と祭儀（教理篇）』　生田耕作/訳　人文書院　1982年
3　『2001年宇宙の旅』　1968年公開　スタンリー・キューブリック/監督　イギリス，アメリカ

マルセイユ版は哲学的知育玩具

78対22の法則

　タロットの全枚数78と大アルカナの全枚数22を加えると100となる。「78対22の法則」というのをご存じだろうか。筆者が知る限りでは、この法則を最初に世に知らしめたのは、日本マクドナルドの初代社長だった故・藤田田だ。

　彼の著書『ユダヤの商法』[1]は商売の極意書だが、まずこの法則の解説から始まる。正方形の内側に最大の円を描いたとき、円の面積は正方形の面積の78％になる。地球の大気の78％は窒素、残り22％のうち21％が酸素。人体の78％は水、地球の面積の7割強が海で残りが陸地、といった感じで森羅万象に78対22の比率が散見されるという。

　この比率は商売その他多くの物事に応用でき、飲食店なら店舗面積のうちお客用のフロアを78％、厨房を22％の比率にするとバランスがよいとか、ローンを組むときには収入の22％を返済に充てるように設定すると無理がなくちょうどよいという。また、藤田はちょうど78歳で他界した。人生百年としたら78歳くらいまで生きるのがちょうどいいということだろう。自ら法則通りに生きて見せるとはすごい人である。

　この法則を使うコツは、あまり数字にこだわらないことだ。実は海の面積はより正確には71％だし、人体の水分も新生児なら75％くらいだが、成人だと60％くらいしかない。細かいことに目くじらを立てずに使うのがコツだ。人に仕事を頼むときも、百点満点の仕事を期待してはいけない。六十点くらいで百点とみなすのでちょうどよいという（本書の採点もそうしてもらいたい）。これも78対22の法則だ。

　タロットを理解していく上で、この法則を適用できる。タロットの象徴を読み解くとき、22％くらいゆるく解釈する。ちょっとくらい矛盾や相違を感じても気にしない。ただしゆるすぎてはいけない。

　タロットに限ったことではないが、象徴言語を読み解くという行為は、数学

1　藤田田　『ユダヤの商法』　ベストセラーズ　1972年

や普通の言葉を扱うときとは頭の使い方が違ってくる。義務教育では教わらない頭の使い方だが、誰でも子供のころはそれに親しんでいたはずだ。

たとえば空に浮かぶもやもやとした雲に、様々な形を見いだす遊びをするとき、ゆるく見ていれば、お城やクジラやソフトクリームに見えてきたりする。だが、細部にこだわり始めると、どんな形にも似ていないように思えてくるだろう。そう見ようと思えばそう見える。違うと思えばそう見えなくなる。モヤモヤした抽象的な図形に様々な形を見いだすというのは比喩にすぎないが、そういう微妙な線をついて解釈（理解）するものだ。

タロットの象徴解釈は、一枚のカードをシンボルとして捉える。たとえば4番のカードは皇帝の姿を描いたものだが、それがどういう人物像を象徴しているか考えてみよう。厳密に見ればそれは皇帝だけを意味している。しかし、ゆるく見ていけば王様や総理大臣や男性社長や父親や中年男性全般と見なせるだろう。図像が象徴している多様な意味があるわけだ。

解釈をゆるめすぎてはいけない。なんでもありになって混沌に陥ってしまうから。締め付けすぎてもいけない。イマジネーションが枯れ、そこから先に一歩も進めなくなってしまうからだ。

象徴的に物事を捉えるという考え方は、いちいち説明するまでもないことのように思われるかもしれないが、苦手な人もいるようだ。読者のうち21％くらいの人は苦手かもしれない。しかし、それは慣れの問題であって、本書を読み進めていけばおのずとわかるようになるだろう。

ただし、極まれに（1％以下だと思うが）、まったく理解できないという人もいるような気もする。理解能力には異常がないのに字だけが読めないディスレクシア（難読症）という学習障害があるそうだが、象徴言語の難解症というのもあるのかもしれない。そういう人々に対しては、申し訳ないが筆者は為すすべがない。

78対22の法則

タロットと本書を読み解く鍵

まず整数を九種類に分類する表を見てほしい（ゲマトリア表）。

左側の1の列には10と19が集まっている。

10の各桁を合計すると、1 + 0 = 1。

このとき、10の数価は1であると言う。

19も各桁を合計すると、1 + 9 = 10。

まだ二桁なのでさらに繰り返し、1 + 0 = 1。

19の数価も1である。

ゲマトリア表

→列

↓行	1	2	3	4	5	6	7	8	9
	10	**11**	**12**	**13**	**14**	**15**	**16**	**17**	**18**
	19	**20**	**21**	22	23	24	25	26	27

　これはゲマトリアと呼ばれる計算法で、1の列にはゲマトリアすると1の数価をもつ数が集まる。2の列には2の数価がもつ数が集まる。どんなに大きな数でも計算を繰り返すうちに最後は一桁に還元される。この計算法を知っていれば表は不要で、どんな整数も九種類に分類することができる。

　巻頭カラーの「大アルカナ一覧」は、同じ数価となるカードをグループとして第1グループから第9グループに分けて掲載している。そして、番号のない愚者はどのグループにも属さない。ただし、愚者を22番とする考え方もあって、そのときは愚者を第4グループと見なすこともできる。愚者が皇帝や死神と近縁であることはやがて明らかになるだろう。

　同じグループのカード同士は似ている。似ているといっても、間違い探しゲームのように二枚の図像を見比べて、形が違うところや消えた品物を探したり

038　　　第1章　なぜ、マルセイユ・タロットなのか

するのではない。カードが象徴していることが似ているのだ。

　ただし、より正確に言うなら、どのカードも残りのカードすべてと、ある種の関連性をもっている。しかし、まずは同じグループのカードの共通性を探すことから始めるのが一番わかりやすいだろう。それがタロットを読み解く鍵だ。本書はこの観点からカード解説を試みている。たとえば5番のカードの説明をして、次に14番との関連性を説明したりする。もし、ゲマトリアを知らないまま、いきなり本題のページを読んだら、疑問に思ってしまうかもしれない。「なぜ5番と14番が併せて語られるのだろう。5番と15番とか、5番と10番ならまだわかるような気がするが……」。しかし、それは、このページを読まずに先に進んだ人の責任だ。本編が始まったら、くどくど言わないので、ここで了解しておいてほしい。

　本書はまず、小説のように先頭から順番に読み通すことをお勧めする。これから始める各カードの解説も、番号別にはなっているが、順番に読むことを前提に書いている。番号を飛ばして読むと先に頭に入っていなければいけない前提知識が欠けることになるので、理解できなかったり誤解してしまったりする可能性がある。

タロットと本書を読み解く鍵

第2章

大アルカナを読み解いてみよう

愚者

◉光を放つ怪しい袋

愚者は大アルカナの中では歩いているように見える唯一のキャラクターで、旅の途中であることを物語っている。ぼんぼりのついたピエロ襟は、彼が道化師であることを表している。服のベルトには鈴がついていて、道化師が歩くたびに音を立てる。これは道化が観客からの注目を集めるための小道具だが、旅の途中では熊よけになるのかもしれない。彼は左手に竿を持ち、その竿を右肩にかけている。普通はこんな愚かな担ぎ方はしないだろう。彼は馬鹿みたいだ。

愚者の背中に注目しよう。背中には影がなく、その周囲に影がある。愚者が担いでいる袋は光を放っているらしい。こういうギミックがマルセイユ版には多数仕掛けられている。絵は注意深く観察しなければならない。

古いマルセイユ系タロットを多数比較すると、袋が光っているものとそうでないものがある。マルセイユ版の元になったと言われるコンバー版の愚者の袋は光っていない。マルトーは、コンバー版だけを参考にマルセイユ版を作ったわけではなさそうだ。

袋ごしに光を放つ物品とはいったいなんだろう。マルセイユ系タロットが作られ始めた17世紀にそんな品物があったとは思えないが、少なくとも**からっぽではない**らしい。賢者の石や放射性物質や未来人からの贈り物が入っているなどという妄想は際限がないので、なにかめずらしいものが入っているのだということにしておこう。旅人は余所からめずらしいものを持ってくるものだ。それには希少価値がつくが、原産地ではゴミ同然のものかもしれない。運ぶことで価値が生じるのは商売の基本だ。

愚者の担いでいる竿と袋は、その形が似ていることから、よく男根の象徴だと言われる。そう考えると袋の中に入っているのは、命の種かもしれない。ちなみに精液はブラックライトを当てると光を放つ性質がある。

彼は種をまく者だ。どこか知らない国からやってきて、笑いの種を振りまい

たり、騒動の種をまいたり、災いの種をまいたりするストレンジャー（よそ者）だ。

　愚者のカードには番号がない。それは、自分が誰かを証明するIDを持っていないということだ。どこかの町に着いて荷を解けば、大道芸人に早変わりするなどして何者かになるのだが、彼はまだ町の人々の輪には加わっていない。旅する愚者はまだ、何者でもない未確認の怪しい人物の座にある。

　道化の衣装は白黒のまだら模様や縞模様になっていたり、奇術師（1番）の服のように上下左右が色違いになっていたりする。これは、道化が二つの世界にまたがって生きていることを象徴している[1]。それは同時に彼がコウモリのように、あまり信用おけない奴であることも意味している。

　愚者は国から国へと渡っていく者なので、外国人を象徴したりもする。ちなみにロシアでは宮廷道化師に外国人が起用されることが多かったという[2]。

●道化とお太鼓持ち

　現代で道化といえば、サーカスや大道芸くらいでしか見ることがないが、古代の王国では王のそばに仕える立派な職業だった。道化師の芸は、おはなし、パントマイム、ジャグリング、宙返り、詩吟、百面相、ものまね、いかさま博打、猥談、なぞなぞなど多岐にわたる。宮中晩餐会などで人々を楽しませたり、謁見に来た者と王との会話が剣呑になったとき、笑いを呼んで場を混ぜっ返したりする。

　日本にも道化と同じような役割をする幇間という職業がある。お座敷宴会の席に招かれ、お客とお客、あるいはお客と芸者の間に入って両者を繋ぎ、場を盛り上げる仕事だ。別名、太鼓持ちという。つまり、ご機嫌取りをする職業なのだ。

　"歴史は古く豊臣秀吉の御伽衆を務めたと言われる曽呂利新左衛門という非常に機知に富んだ武士を祖とすると伝えられている。秀吉の機嫌が悪そうな時は、「太閤、いかがで、太閤、いかがで」と、太閤を持ち上げて機嫌取りをして

1　河合隼雄　"第4章 影の逆説 道化"『影の現象学』講談社学術文庫　1987年
　愚者については特にこの本を参考にさせていただいた。
2　『影の現象学』

愚者

いたため、機嫌取りが上手な人を「太閤持ち」から「太鼓持ち」と言うようになったと言われている。[3]

　幇間はお客を笑わせ楽しませる様々なお座敷芸をもっているが、その本領はご機嫌取りにある。変わった職業に思えるかもしれないが、ちょっと考えてみてほしい。自分とはそりの合わない取引先を接待しなければいけないとき、芸者を呼び蟹を食わせて寡黙にしておくだけでは、商談が進まない。そこに幇間を招くと、バカ殿のご機嫌取りをしてくれて、殿と自分との間も取り持ってくれるのだ。芸者たちとも和気藹々だ。

　宮廷道化は王の専属道化だが、幇間はプロ道化だ。大事な相手を接待しなければならないときは、お金で雇うことができる。

●道化の特権

　古代の王の力は絶対で、誰も逆らうことができなかった。国民が飢え死にするのをよそ目に核ミサイル開発にいそしむ王の暴走を誰も批判できないのなら、その国は滅んでしまうかもしれない。そんな中で、道化は頭のおかしい馬鹿者という建前のもと、王を馬鹿にして批判する特権が認められていた。

　「タロット人生劇場」で引用した『お気に召すまま』の中で、貴族のジェイクイズが、かっこいいことを言う。

　"ぼくに斑のやつを着せてください。お許しを得て心のままに物をいいたいのです。そうすればこの病気になった世界の醜さを、残る隈なく掃除してやる。[4]"

　斑のやつとは道化服のことで、"自由に真実を語る身を守ってくれる唯一の制服[5]"なのだ。

　もし道化に対して王が腹を立てても、周囲の家臣たちが「あのような馬鹿者相手に、王ともあろう偉大なお方がお怒りになっては……」などと言っていさ

3　"幇間"　Wikipedia日本語版　https://ja.wikipedia.org　（2016年6月5日閲覧）
4　ウィリアム・シェイクスピア　『お気に召すまま』　第二幕第七場58　阿部知二／訳　52刷　岩波文庫　1992年
5　『影の現象学』

めてしまえる。

しかし、王を本気で怒らせてしまうと道化の首は飛ぶ。道化は周囲の笑いを取りながら上手に馬鹿にしなければならない。今でいうならコメディアンやお笑いタレントのような役割だが、いじる相手が国王ともなると、とても頭がよい人間でなければ道化は務まらない。彼は馬鹿を演じてはいるが、本当は大変頭がよい人物で、国の未来を案じている賢者でもあるのだ。時には道化の一言が国の危機を救うことすらあったのだ……などというのは建前にすぎず、実際にはつらい職業だったようだ。

1788年にドイツで出版された『人間交際術[6]』という本に、当時のドイツの宮廷に勤めていた実在の道化師のことが書かれている。

その道化師は利発な頭脳をもち機知に溢れた青年で、"身分の高い人々となれなれしく付き合って、時折あけすけな真理を語ることが許されて"いたが、宮廷の面々の怒りを買うこともあり、あらゆる種類の辱めを受け、殴られることもあったという。やがて重度のアル中になり発狂してしまう。

著者のクニッゲは言う。

"私が会った時、彼は年老いて、みすぼらしい様子で歩き回り、狂者と見做され、同情というよりは嫌悪の対象になっていた。だがまだ、彼が非常な明敏さ、機知、才能をふと洩らす頭脳のはっきりした瞬間があった。半グルデンのお金を恵んでもらおうとして、巧みにお世辞を言い、鋭い人間知で人々の弱点をつかまえることのできる瞬間もあった。その鋭さを見るにつけ、彼の狂気より、むしろ、彼をかくも落ちぶれさせた人間たちに対して嘆くべきではないかと思われたのであった。"

王侯貴族はその国における最高レベルの教育を受けているだろうから、かなり賢い人々なのではなかろうか。気に入らぬとなればその高い知能でいじめてくるのだから、道化も並の頭のよさでは務まらないだろう。

ところで同書は、様々な職業・階級の人々といかに付き合うかを書いた本だ。著者の実体験から宮廷人との付き合い方も書かれている。それによると、どう

6　A. F. V. クニッゲ　『人間交際術』　笠原賢介，中直一／訳　講談社学術文庫　1993年

愚者

しても宮廷や貴族の世界で生きていく必要がある人以外は、そこに近づかないのが最善だという。そこは"精神と心理を麻痺させ、狂わせ破壊してしまう"場なのだという。

◉愚者と犬

　愚者の腰には、なにかがぶら下がっている。そして犬がそれにとびつこうとしているようだ。犬が愚者のズボンを引き裂いているように描かれたタロットもあるが、この絵はそのようには見えない。おそらくこれは旅の携行食の干し肉で、犬は干し肉が欲しくて愚者についていこうとしているのではあるまいか。

　犬は太古より人類の友達と言われるが、犬と人は対等というよりは、主人と従者とか、王と下僕とか、親分と子分といった上下の関係性が強い。親分が子分を食わせてやったり、教えてやったり、なにかいいことをしてやるから子分もついてくる。干し肉はその「なにかいいこと」を表しているのだろう。

　しかしこの犬が、愚者のお伴とは限らない。野良犬が干し肉を取ろうとつきまとっている可能性もあるだろう。犬は鎖で繋がれているかもしれないし、放し飼いや野良かもしれない。犬の下半身が見えないので、なんとも言えない。複数の可能性が同居しているのだ。

　村のはずれに飼われている犬がいたとしたらどうだろう。犬は縄張りを守る生き物だ。よそ者がやってくると吠える。村から出ていく者を見ても犬は吠える。国には税関というものがあって、国に出入りする人々と荷物を監視している。我が国の税関には「カスタム君」という犬のマスコットキャラクターがいる。麻薬探知犬がモデルらしい。国境線の関所には犬がいるものだ。

◉王子様のドM生活

　『ミムス』というジュブナイル文学がある。宮廷道化師の仕事や立場がどのようなものか、イメージをつかむのにはとてもよい小説だ。

7　財務省・税関 "税関イメージキャラクター『カスタム君』" http://www.customs.go.jp/zeikan/customkun/
8　リリ・タール 『ミムス　宮廷道化師』　木本栄／訳　小峰書店　2009年　（Y.A.Books）

隣国のテオド王の計略に落ち、捕らわれの身となったフローリーン王子と父王。父王は地下牢に幽閉され、フローリーンはテオド王の道化師として生きることを強要される。大変な屈辱だが、父を人質に取られているので、逃げることも自害することもできない。フローリーンは、テオド王お付きの道化師ミムス親方の弟子になり、道化師修業の道を歩み始める。まさに愚者と犬（道化とその弟子）の話だ。鈴のついた斑の衣装を着せられて、恥辱と屈辱に満ちた王子様のドM生活が幕を開ける。

道化となった信仰心厚いフローリーンが、救いを求め礼拝堂で祈りを捧げようとすると、司祭は吐き捨てるように言う。「道化に魂などあるものか」「人間ならだれにでも不死の魂が宿っているが、おまえのような者は、そこに腐った邪悪な空気の泡しかありはしないのだ。さあ、さっさと出て行くがいい！」

この顛末を聞いたミムス親方はフローリーンに言う。

"（道化とは）「つまり、存在が無だってことよ。あれでも、これでもねえ。魚でも肉でもねえし、人間でも動物でもねえ。神様のものでもねえし、悪魔のものでもねえ。だからおいらたちは坊主からいちばん嫌われてんのさ。こっちもやつらなんか、願い下げだがね」"

無番の愚者は、トランプのジョーカーのように、のけ者のカードだ。もしゼロ番なら数字の仲間とも考えようがあるが、無番というのは、ミムスが言うように**存在しないもの**なのだ。

ゼロというとき、そこには前提となる問いがある。「これはいくつ？」と。しかしゼロですらない空白は、まさになんにもない非存在を意味している。

「Aさんはいますか？」「ここにはいません」というときはゼロだが、まったく知らない人は話題にすらのぼらない。これが無番だ。

●旅する車寅次郎

映画『男はつらいよ』シリーズの主人公、車寅次郎は愚者のキャラクターにふさわしい。寅さんはテキ屋で全国を旅している。行く先々で商売をして日銭を稼ぐ。彼の売り物はバナナやゴム紐といった安い品物だが、寅さんの話芸にかかると立派な売り物になる。彼は芸人（奇術師）だ。そして行く先々に、若く

て美しいマドンナ（女教皇）との出会いがあり、それで一騒動起きるが、二人は結ばれることはなく寅さんは放浪の旅を続ける。

　物語の中に登場する愚者（道化）は、スパイとしての役割も担っていることも多い。旅芸人の姿で諸国を渡り歩き情報収集ができる。派手な化粧で顔も隠せる。道化のスキルは大道芸のスキルに通じ、旅をしながら日銭を稼ぐことができる。旅先から隣国の情報や農作物の種を持ち帰ったり、時には敵地でデマや噂を流したり、災いの種をまく者であるかもしれない。

　時代劇『水戸黄門』ご一行様に影のように付き従う、風車の弥七とかげろうお銀も愚者にふさわしい。水戸黄門という王に仕えている。忍者なので表向きは存在しない。旅芸人に扮したり変装したりする。

　愚者の袋は男根表現だと述べたが、道化は二つの世界にまたがって存在していることから、象徴的には男女両性だとも無性だとも言われる。愚者が両性具有であると見たときは、袋は子宮、竿は男根ということになるだろう。またそれらを体の外に物品として外在化させているので愚者その人は無性とも言えるだろう。弥七とお銀の男女二人が登場するのは、愚者の両性具有性を二人で分担しているのだ。

◉道化の脚衣

　愚者が穿いている膝下が細くなっている脚衣は、現代だと土木工事や建築現場の作業員が着用しているのを見かける。狭い足場と高所での作業において、膝下のスリムな部分は足運びが楽にでき、だぶついている部分は障害物に触れたときセンサーの役割を果たすので、危険を未然に回避できるという。

　このズボンはニッカボッカーズとも呼ばれ、裾が邪魔にならず動きやすいという理由から、ゴルフや乗馬などのスポーツウェアとして着用されたこともある。

　そういえば忍者やマタギも似たような形の脚衣を着ている。高い建築物、天井裏、険しい山道、獣道を行くときに都合のよい形なのだろう。愚者の脚衣の形は、様々な意味での「汚れ仕事」を象徴しているのかもしれない。

●現代の道化

現代の政治の場に道化師はいないが、コメディアンがその役割を担っていた。しかし、メディアは権力の犬に成り下がり、そこで活動するコメディアンもあまり強いことは言えないご時世だ。真実を語るとすぐに仕事を干されてしまう。

そのかわり最近は、ネットの匿名カキコミが道化師を演じているようだ。

貴族のジェイクイズのように国を憂いている、ネトウヨやパヨク（ネット右翼／左翼）と呼ばれる名無しさんもいる。大勢いるようだが全員顔無しだから独りしかいないようにも見える。名無しさんは無番の愚者なので数えられないのだ。

名無しさんには責任がないかわりに権威もなく信用もない。名無しさんの言葉は腐った邪悪な空気の泡のようだ。下品で馬鹿で恥知らずのカキコミがほとんどで、なんでも言いたい放題書きまくる。しかし時にはキラリと光る言葉が含まれていることもある。

名無しさんを力づくで黙らせることはできない。万が一、名無しさんの口をふさげたとしても、ほかの名無しさんが騒ぎ出す。名無しさんには無数の口がついているのだ。名無しさんに向かって怒っても、馬鹿な名無し相手にむきになるなとたくさんの口で嗤われてしまう。ネットでは無敵の名無しさんだが、彼らの現実は、悲劇の道化そのものかもしれない。

●チェックメイト

この絵のタイトル"LE MAT"は「愚者」と訳される。英語マルセイユ版は"THE FOOL"となっていて、この絵が愚者であることを表している。しかし仏和辞典に当たってみると、"mat"は愚者でも道化でもなく、その意味は「チェックメイト」だ。チェスでは、チェックされると王手、王手はすぐに回避行動を取れれば助かるが、それができない場合は王が打ち負かされてチェックメイトとなる。「王手詰み」で負けということだ。

"チェックメイトの語源は、ペルシア語の「Shah Mat」と言われている。意味

9　小学館ロベール仏和大辞典編集委員会／編　『小学館ロベール仏和大辞典』　1988年

は「待ち伏せにあった王、打ち負かされた王」。決して「死んだ王」という意味ではない。[10]

　旅する道化の絵とチェックメイトという意味から考えると、王が打ち負かされ、道化に落とされたフロリーン王子のように、みじめな敗者としての道化をこの絵は表しているように思える。

　タロットを使ったゲームでは、愚者は最強の切り札として扱われることが多い。勝負の席でこのカードを突きつけられたプレイヤーは、みじめな道化に転落する。ババをつかまされるというやつだ。

　つまり、この絵は、人生が詰んでしまって、そこから逃げ出すように旅に出た男なのだ。

　坂本九の『上を向いて歩こう』などを歌いながら歩いているのかもしれない。悲しいとき、孤独になったとき、絶望したとき、どうしようもなくなって諦めたとき、涙がこぼれないよう、人は天を仰ぐだろう。

　どん底でも、状況に立ち向かおう、敵をやりこめようという闘志が残っているうちは、人は奇術師（1番）のように、視線を合わさず伏し目がちに相手の隙を探るものだ。

　彼はどこに向かっているのだろう。他の国なのか、あるいはあの世なのか、来世なのかは知らないが、愚者はある世界から別の世界へと渡っていくキャラクターなのだ。そしてまた新たな地で一から始めるのだろう。

Ⅰ　奇術師

◉旅する道化が町に着くと

　この絵は大道芸で手品をしている男だ。無番の愚者（道化師）と奇術師はどちらも芸人だ。旅する道化が町に着くと、荷をほどいて大道芸で手品を始める。彼は上下左右で色違いの服を着ている。こんな服を日常で着ることはまずない

---

10 "詰み" Wikipedia日本語版　（2018年2月11日閲覧）

だろう。これはハレの日に登場する芸人や道化師の舞台衣装だ。

タイツを着用しているように見えるが、これはショースという中世の男性用脚衣だ。絹や麻の布でできた、脚にぴったり合うように縫製されたズボンのようなもので、現代のタイツのような伸縮性には乏しかったと思われる。

奇術師の机の上にはサイコロやコップ、コイン、ナイフと鞘、鞄などが無造作に置かれている。ナイフを除けば、これらは賭博の道具でもあるので、時には奇術師が見物客相手に一勝負もちかけることもあるのかもしれない。

筆者はこの絵を見ると、幼少のころに見た手品ショーのことを思い出す。不敵な笑みを浮かべた奇術師が、バトンをくるくると回したり、華麗な指さばきで持ったコインを数枚に増やしたり一枚に戻したり、手の中からきれいさっぱり消してしまったりする。奇術師はウサギやハトや様々な小道具を鞄から取り出すが、どうしてこんなにたくさんのものが小さな鞄に収まるのか見当もつかなかった。

◉魔法と手品と超魔術

奇術師は名前のごとく奇跡を起こすキャラクターだ。常識を越えた、魔法のような技を見せる。もちろん私たちは奇術師の技が手品だと知っているので、彼のことを魔法使いだとは思わない。だがジャングルに住む未開の部族の前で手品を見せたら、その手品師は本物の魔法使いや神様のように崇められることになるかもしれない。手品は、見る側の知識や知能のレベルによって受け取り方がまったく違ったものになる。

しかし未開部族のことを笑ってなどいられない。私たちが手品を安心して見ていられるのは、演目に「手品」と書かれているからにすぎない。

1989年、ミスター・マリックがテレビに初登場した。彼は超能力者のようにスプーンを曲げたり、手を触れずにガラスの器を砕いてみせたり、未来を透視して競馬を当ててみせたりして脚光を浴びた。

彼はその技を「超魔術」と称し、たとえ番組の司会やゲストに尋ねられても、超能力だとも手品だとも言わなかった。手品であることを隠したのだ。

当時は空前の精神世界ブームで、世紀末まで残り10年、ノストラダムスの

終末予言への注目も高まってきていた。オウム真理教の麻原彰晃は最終解脱した聖者として、多くの若い信者を集めつつあった。座禅を組んで跳ねている写真の宣伝が効いたのかもしれない。麻原は空中浮遊ができると信じられていた。オウムが松本サリン事件を起こすまでまだ5年もある。

そんな時代背景の中で超魔術は大ヒットした。マリックを本物の超能力者だと信じる人々もたくさんいたようだ。今となっては超魔術が手品だということは誰でも知っているが、当時そのことはかなり長く秘密にされていた。

手品の同業者たちはすぐにトリックだと見抜いた。手品を超能力に見せかけるようなやり方は、手品業界のタブーに触れるものらしい。義憤に駆られてトリックを暴露する人も現れた（これもタブーなのだが）。しかし、インターネットはまだ普及しておらず、今のようにすぐに周知されてしまうことはなかった。パソコン通信では比較的早く暴露されていたが、当時のパソ通人口は今とは比較にならないほど少ない。

やがて1年くらいするとトリックであることを暴露する本が出て、手品だということがはっきりしてしまった。マリックは詐欺師に転落し世間から大バッシングを受け、しばらくテレビから姿を消すことになった。

神や超人や天才や魔法使いや超能力者のようにも見える者も、タネを知ってしまうと、熟練の職人、ときには詐欺師のようにも見えるようになる。奇術師はそういうキャラクターだ。

◉1は神

古代ギリシアの哲人ピタゴラスは1を神と見なしていた。数字の1には「存在」とか「初め」とか「神」という意味がある。

神をシンボライズする図像に奇術師をもってくるマルセイユ版は秀逸だ。SF作家のアーサー・C・クラークは"充分に発達した科学技術は、魔法と見分けが付かない"と言ったが、人智を超えた神の奇跡も、つきつめて言えばテクノロジーといえる。神は全知全能によって奇跡を起こすが、奇術師も奇跡を見せる。

---

1 "クラークの三法則"のうちの三番目の法則　Wikipedia日本語版　（2017年1月19日閲覧）

その奇跡は、タネを知ったところで到底常人には真似ができない熟練した高度な手技によるものであったり、観客にはまず知られていない特殊な科学技術を使った技であったりする。なかにはスプーンくらいなら本当に超能力で曲げられる、なんて人もいるかもしれない。必ずしも裏があるとは限らない。

　神の話をすると、必ず宗教なんてインチキだの詐欺だのという人々が出てくるものだが、そういう人々も神を象徴する図像を奇術師とすることに同意するはずだ。一見、神のように見えても、それはただのトリックかもしれない。しかし、手の内を見抜けない愚者にとって、奇術師は神にすらなり得る。どこまでも奇跡の技を演じ続け、誰もそのタネを見破ることができない限り、彼は神であり続ける。神は永遠に勝ち続けるギャンブラーなのだ。

●少年は魔法使い

　この奇術師は金髪の巻き毛の少年らしい。目をそらせてこちらを見ていないのは、心を読まれないためなのだろうか。奇術師は英語で文字通り「トリックスター」だが、ユング心理学では、永遠の少年にして魔法使いのイメージを指す単語だ。

　奇術師は少年や未成年を象徴する。少年が主人公の漫画やアニメを思い出そう。主人公の少年はたいてい魔法や超能力のようなミラクルな力をもっている。常人には見えない物の怪を見れたり、手がゴムのように伸びたり、変身できたり、念力が使えたり、魔球を投げたり、幽体離脱ができたりする。特にアニメの中に登場する主役の少年はほとんどが奇術師だ。

　奇術師キャラクターは、長い棒を振り回すという特徴がある。また、その棒が伸びたり縮んだりすることも多い。それは魔法の杖かもしれないし刀や剣やバットかもしれないが、男性器の暗喩だ。たとえば孫悟空は伸び縮みする如意棒を持っているし、映画『スター・ウォーズ[2]』の主人公、ルーク・スカイ・ウォーカーが持っているライト・セイバーは普段は柄の部分しかないが、使うときにはビームの剣が伸びる仕組みになっている。

2　『スター・ウォーズ（エピソード4／新たなる希望）』　1972年公開　ジョージ・ルーカス／監督　アメリカ

また、物語だけではなく、現実の少年にも奇術師の属性が備わっているものだ。まず子供はみな学習能力や模倣能力が大人より高い。それゆえに大人は子供の物覚えの良さに感嘆する。天才棋士とか、天才サッカー少年とか、全国の電車の駅名と路線をすべて暗記している子供とか、大人を驚かすような天才的で驚異的な芸当ができたりする。米国国防総省のコンピュータをハッキングしたり、ガレージで原子炉を作ったりするような子供までいる。

それらはすごい能力のようにも思えたりもするが、それらの能力で大成する人がほとんどいないことを見れば、たいして役に立つような能力ではないのかもしれない。トリックスターの力にはそういう頼りなさや不安定さがある。

奇術師には神のような力強さもあるが、少年や子供のような弱さもあって、両義的な存在だ。

◉二つのサイコロ

奇術師のテーブルにはサイコロが二つある。サイコロには一から六までの目があるので、それらを合計してみよう。$1 + 2 + 3 + 4 + 5 + 6 = 21$ となり、これに愚者の一枚を加えると大アルカナの枚数22になる。

サイコロ二つで出せる最小の目は2、最大の目は12だから、2から12までを合計してみよう。$2 + 3 + 4 + 5 + 6 + 7 + 8 + 8 + 10 + 11 + 12 = 77$ となり、これに愚者の一枚を加えると小アルカナも含めたタロットの全枚数78となる。

ところでコンバー版の奇術師の卓上にはサイコロがない。古い他のマルセイユ系タロットにもサイコロはない。

しかしマルセイユ版のルーツとされるノブレ版には、テーブルの上に三つのサイコロがある。これはサイコロ三つで出せる、目の組合せが56種なのだ。そしてサイコロ二つで出せる、目の組合せは21種だ。大は小を兼ねるので、三つのサイコロは二つのサイコロの意味も兼ねるとはいえるが、サイコロは二つあれば充分にも思える。二つのサイコロは、マルセイユ版の特徴だ。

ちなみに、西洋魔術の祭壇は正立方体を二つ積み上げたもので、天の立方体と地の立方体を併せて、「上のごとく下も然り」という錬金術の奥義書『エメラルド・タブレット』の格言を暗示する。

立方体を二つ積み上げたとき、表となる面は十面あり、各面はカバラの生命の樹の十のセフィロートを表すとされる。二つのサイコロは奇術師（魔術師）のアイテムとしてふさわしい。

また二つ積み上げた正立方体を等角投影法で作図すると、そこに生命の樹の原型を見いだすことができる。

◉運命の輪との共通点

タロットの象徴解読は、カードとカードの共通点を見つけることが基本だ。運命の輪（10番）と奇術師はよく似ている。たとえば、奇術師はバトンを回すが運命の輪も回転運動が暗示されている。奇術師の机にはギャンブルの道具が並んでいて賭博性と射幸心を感じさせるが、運命の輪は運・不運を暗示する車輪だ。

運命の輪は上がったり下がったりで不安定なものだ。トリックスターはその物語の中で、天に舞い上がったり、地獄にたたき落とされたり、また復活したりと乱高下の激しい人生を歩む。ミスター・マリックの人生もそのパターンに乗っていたように見える。

トリックスター（奇術師）はヒーローであり少年や若者だ。太陽（19番）はヒーローの象徴だし子供が登場する。車輪（10番）は太陽の象徴でもある。このように同じグループのカードは、寓意に共通点がある。

タロットの絵を見つめると、そのカードごとに記憶と知識が連想的に無数に想起されるが、その知識の集合体はもやもやした雲の塊のようなものだ。カードごとに知識の雲の形は違うが似ている部分もある。二枚のカードを取り上げ、雲の形が似ている部分を見いだそうとする。それを探していくことで、タロットを読み解くことができる。このとき、前に紹介した78対22の法則を忘れず、適当にゆるく解釈するのがコツだ。ジグソー・パズルにも似ているが、ピースは雲のような曖昧な形であってエッジは立っていない。

◉机の脚が三本

奇術師のカードに限った話ではないが、マルセイユ版の絵にはあちこち変な

Ⅰ　奇術師

ところがある。ぼんやり見ていると気がつかないが、気づいたからといって得意気に誰かに語っても、「画家が描き忘れたのだろう」とか、「ただの偶然だよ」とか、「モルダー、あなた疲れているのよ」などと言われてしまうかもしれない。しかし、よく観察し、象徴物の意味を調べ、全体を読み解いていくと、そうではないことが見えてくるだろう。

奇術師の絵の変なところは、机の足が三本しかないことだ（股の下の大地からつきだしているロウソクの炎の形をした草か木のようなものも変だが、これはもう少し後になってから説明する）。

1番の図像の中に3という数が暗示されている。大アルカナの中で、一桁目が1となるカードは三枚ある。1番と11番と21番だ。一桁目が1以外の組には二枚ずつしかない。

大アルカナは三つ組を基本にしてできている。

各カードは、数と絵と題名の三つ組で一つのシンボルを成している、というのはすでに述べた。

また、タロットは数札と宮廷カードと大アルカナの三つ組から成っている。

「タロット人生劇場」を思い出そう。人生の幕は、まずは赤ん坊、それから学校、それから恋人。番号は、4…5…6。これは未成年時代の三つ組だ。「赤ん坊は愚者だったのに、ここではなぜ皇帝（4番）なのか？」と思うかもしれないが、今は先に進もう。

次は兵隊、裁判長、まぬけ爺。番号は、7…8…9。これは大人時代の三つ組。

番号1…2…3は赤ん坊（4番）の前を指しているわけだから、**その両親の物語と見なせる**。親になる前は彼らも若かった。少年（奇術師）がいた。少女（女教皇）がいた。二人が結ばれて子が生まれると、少女は母（女帝）となった。少年は父（皇帝）となった。4番は父でもあるし、生まれてきた子供でもある。王のそばには道化がいるように、父のそばには子供がいる。まだものを知らない赤ん坊は愚者ということだ。

絵の構図にも三つ組構造が見られる。たとえば太陽（19番）と二人の子供。悪魔（15番）と二匹の小悪魔。月（18番）と犬とザリガニ。このように、三つ組で表現しようとしているカードが多数ある。

キリスト教は「父と子と聖霊」。光の世界は「赤・緑・青」。物質の世界は「気体・固体・液体」。物理学の世界なら「電子・陽子・中性子」、クォークの「アップ・ダウン・チャーム」。弁証法の世界なら「テーゼ・アンチテーゼ・ジンテーゼ」。国家なら「立法権、行政権、司法権」。

このように「世界観」の根本は三つ組でできていて、そのうちのどれが最重要というわけではなく三位一体と見なされる。つまり三本足で一つの机だ。

タロットにカバラ思想を投影する人々なら、生命の樹の三本の柱を連想するかもしれない。つまり慈悲の柱、峻厳の柱、均衡の柱だ。これはヒンドゥー教のブラフマー、ヴィシュヌ、シヴァの三柱と見なすこともできる。宇宙を司る創造、維持、破壊の働きを象徴する。

机の上は奇術師たる神が創造した世界、三本の足はその世界を支える根幹原理だ。

奇術師の机の上が、自分たちが住んでいる大地だとしよう。奇術師は世界を作った神だ。奇術師の机の上でコインやウサギが突然現れたり消えたりするように、私たちの世界でも人や生き物が生まれて（創造）、暮らして（維持）、やがて死んでいく（破壊）。

人だけではなく動植物も、家や車など人間が作り出すものも、創造され維持され破壊されて消えるというプロセスを繰り返している。

創造・維持・破壊の三柱とカバラの慈悲・均衡・峻厳の三柱、一見なんの関係もないように思えるかもしれないが、この二つはよく似ている。たとえば維持と均衡は似ている。二つの対立する力がバランスよく釣り合っている状態だ。慈悲はなんでも許して増長させるが、峻厳はなんでも無慈悲に攻め滅ぼす。単体だとどちらも悪徳にしかならないが、二つの均衡がとれた状態で働けば美徳になる。動植物が産み増えていく様は創造や慈悲、それらが様々な理由で滅んでいく様は破壊や峻厳、そう考えるとこの二つの三つ組が、本質的にはさほどかけ離れた概念ではないと理解できるだろう。

I 奇術師

II 女教皇

●女の教皇などいない

　この絵は白いウィンプル（頭巾）と修道服に身をつつんだ修道女だが、彼女は教皇（5番）と同じような教皇冠（三重冠）を戴いており、女の教皇でもあることを表している。

　教皇はカトリックの最高指導者で、司祭の中から選ばれた最高司祭だ。女教皇は女性の教皇ということになるが、カトリックでは女性は司祭にも教皇にもなれない。だから女教皇は史実には存在しない架空のキャラクターだ。

　修道女は神を信じ信仰に生きる誓いを立てた女だ。キリスト教の教義と作法に則り、修道院で禁欲的な修道生活を送り生涯独身を貫く。

　女教皇には、少女と老婆という両義性があるが、どちらも生殖とは無縁の存在だ。神に仕える巫女や信仰の偶像である教祖や生き神様になる女は、処女か老婆と相場は決まっている。

　女教皇はエロスとは関係があるが、セックスや妊娠といった生殖につながる行為に及んだときは、女教皇の座から転落する。

●神の母にして永遠の処女

　このカードに描かれている「青と赤の服を着て膝には本を置いた女性」は、初期ルネサンス期の画家フラ・アンジェリコ作の『受胎告知』の中のマリアと同じ構図だ（図3）。

　画面右側の女性が聖母マリアで、大天使ガブリエルから救世主を身ごもったことを告げられている。マリアの膝には開かれた書物（聖書）があり、背後にはヴェールがかかっている。画面左奥には楽園を追放されるアダムとエバの姿があり、神が食べることを禁じた木の実を食べてしまった罰として、女には産みの苦しみと男に支配される苦しみを与え、男には労働の苦しみを与え、皮の衣を着せて楽園を追放した、という人間の原罪を表している。この絵では、近いうちにマリアの腹から救世主が生まれ、その原罪を清めてもらえる時が人類に

第2章　大アルカナを読み解いてみよう

図3

訪れようとしている様子を表しているのだろう。

　美術史家の高階秀爾による解説では、赤は血の色として愛情を象徴し、青は知性の色として真実を象徴するとされ、マリアを描くときの典型的な衣装として他の画家も用いた。また、天使が現れた時、マリアは読書中だったとされ、膝の上に開かれたままの書物を置いているが、この形式のマリア像は「マリア・ソフィア（知恵のマリア）」と称され、学問や知恵の女神に対する崇拝がマリアに対する信仰に重ね合わされていることがうかがえるという[1]。

　カトリックの教義では、聖母マリアは神の恩寵によってあらゆる罪の汚れを一切免れ、聖霊によって処女のまま救世主を懐胎した「無原罪の御宿り」とさ

1　高階秀爾　『ダ・ヴィンチの「最後の晩餐」はなぜ傑作か？』　小学館101ビジュアル新書　2014年　p124

れる。

　女教皇は生殖とは無縁だが、「神の母にして永遠の処女」という聖母マリアも、このカードに関連付けられる。

● 女教皇はメイド・ロボ

　女教皇の典型的な性質として、機械性が挙げられる。機械というのは、設計された通り期待された通りに動作し、主人に対し従順で逆らわない。本質的に受容的なものだ。人間が設計し思想や美意識を盛り込んだ機械は、人の被造物であり人の半身である。その文脈から、女性性を投影されやすい。

　人工知能学会誌の表紙をメイド・ロボットの絵が飾ったとき、世間からは女性蔑視であると大バッシングを受けたが、ロボットが従順なのは当然のあるべき姿であって、メイド・ロボはそれをうまく象徴してはいる。執事ロボなら叩かれなかったのだろうか。しかし反抗的で我の強いAIを搭載したロボットなど誰も求めていない。

　また機械が持つ美に対してエロスを感じてしまうメカフェチは、機械が備える女性性への陶酔ではあるまいか。かっこいい女性型のロボットはSFアニメにはよく登場するし、初音ミクも機械の歌姫だ。機械と少女は親和性が高い。

　ノイマン式コンピュータは二進数で動作する機械だが、これもまた従順でプログラム（命令）された通りに動作し、形のない水がどのような形でも取りうるように、プログラム次第で様々に化ける。電話になったり、腕時計になったり、音楽プレイヤーになったり、眼鏡になったり、服になったりもする。

　様々な家電製品の中にもマイコンチップが多数入っており、様々な仕事をしているが、魔法少女のように変身しているのでコンピュータ仕掛けだとは気づかない。コンピュータには、こうあらねばならないという形がない。水のようにそれを受けいれたものの形に従う。古来より象徴的に男は〈火〉、女は〈水〉とされている。コンピュータは「女」であり〈水〉であり「鏡」だ。

2　人工知能学会誌　『人工知能』　Vol.29 No.1　2014年1月号　オーム社

◉誰のものでもない偶像（アイドル）

　女教皇は実在はしないが、彼女の物語は実にたくさん存在する。1番（奇術師）は少年にしてヒーロー、2番は少女にしてヒロイン。彼女たちは銀幕の中で、人々の心の中で、永遠に歳をとらず、美しく、かわいらしく、健気で、見る者を魅了する。それが彼女の最大にして最強の魔法だ。1番も2番もどちらも魔力を持ち人々を魅惑する。

　女教皇は、魔法少女や魔女や女神様だ。実に多くの創作タロットが、2番に美しい女神像を描こうとしている。女教皇は若い女性すべてを象徴するが、職業イメージなら、女占い師や女教祖、アイドルタレント、修道院のシスター、女性看護師が典型例だろう。それらの女性すべてが「あなたを心から想う」と言いながらも、**誰のものでもない**存在だ。

　アイドルは、人工的に作り込まれた生ける偶像だ。その生身の生活や人格の露出は、プロデューサーによって、理想像を壊さない範囲にコントロールされる。スキャンダルなどがあるとすぐイメージダウンと言われるが、アイドルの本質は「イメージの依代（よりしろ）」なのだ。まるで映像とスクリーンの関係のように、生身の素材の上にファンが心の中の理想像を投影することで成り立つ。

　だから時に、歌舞伎の女形（おんながた）、はてはバーチャルアイドルやマンガのキャラクターに、生身の異性よりもよほど魅了される人もいたりする。

　オタクの中には、ヒロイン像を台に据えて、両サイドにロウソクを立て（2はⅡであり、門であり、神殿の入口を意味する）、ケーキを供えたりグッズを飾ったりして「祭壇」を作る人々がいる。こういうのは女神像を祀って信仰をアピールしているのとなんら変わらない。

　2Dであれ3Dであれ、それらの偶像の彼方に映る、イデア的な究極の美少女（女神）へのあこがれを、人は「萌え」と呼ぶのだろう。

◉物語を紡ぐ者

　女教皇は本を持っている。彼女は物語を紡ぎ出す力、「おはなし怪獣」としての魔力を持っている。世界初の長編小説作家といわれる紫式部がそうしたよう

Ⅱ　女教皇

に、悲惨な現実も生臭い出来事も、脳内で変換して美しい物語に紡ぎ直していく。マンガやアニメを読み替えて別の物語を語り始める二次創作作家も、何でもゲイカップルに脳内変換する腐女子も、その現代版といえるかもしれない。

おはなし怪獣の攻撃は、観客を物語のヴェールに包んで、唯一無二のリアルから引き離し、別次元へと連れ去っていくことだ。

女教皇のおはなし攻撃は魔法か催眠術のようなもので、少年少女には特によく効く。彼女が紡ぐ物語はオタクにとって、つらい人生の痛みを麻痺させる神話にもなる。だからオタクはグッズやコミックスやライブといったコンテンツに多額のお布施をしたりもする。2番が繰り出す様々なおはなしに免疫ができていないうちは、中毒かというくらい夢中になる。しかしいつかは催眠が解ける時が訪れる。そのあとは、女教皇と過ごした美しい思い出が、思い出したくもない黒歴史に変わるかもしれない。

『千夜一夜物語』では、一夜を過ごした女を朝には殺してしまう女性不信の王の元に、大変賢い娘が嫁いで、毎夜毎夜、王におはなしを語り聞かせる。おはなしの続き知りたさに娘を殺すのを先延ばしにするうち、王の悪癖は消え失せる。これは王がおはなし怪獣に洗脳されたということだ。

人を夢中にさせる「おはなし」は宗教みたいなものだ。聖書も然り、おはなしこそが宗教なのかもしれない。思想書や経済学書もおはなしだ。奇術師（1番）は「奇跡」で人を夢中にさせ、女教皇は「おはなし」で人を夢中にさせる。どちらも作り物なのかもしれないが。

●お姫様は怖い女

『スター・ウォーズ』のレイア姫は、最初はホログラムの録画映像として主人公ルークの前に現れた。実在しない女教皇として登場したわけだ。直接助けを求められたわけでもないのに、鼻の下を伸ばして姫を追いかけて行ったルークは、気がつくとデススター破壊のための決死隊に加えられている。他人事として見るなら夢とロマンと冒険の楽しい物語だが、レイア姫の元に集い、散っていった兵士が無数にいると考えれば、恐ろしい女だ。

映画『天空の城ラピュタ』[3]も同じで、お姫様を助けると冒険という名の超危険な仕事をさせられるはめになる。

宇宙戦争に駆り出されることはないにしても、女に誘惑されて危険に乗り出す話は、現実にいくらでもあるだろう。

また「誰のものでもなく生殖とも関係ない」ことから逆に女教皇は娼婦と関連付けられることもある。複数の男に取り巻かれた水商売や風俗の美女によって、危険な世界に誘われるパターンもあるだろう。

2は二元対立の数なので、争いごととは縁が深い。聖なる女性あるいは高貴な女性というアイデンティティは、周囲に邪悪な存在がなければ成立しない。穢れなきお姫様には、邪悪な影がくっついているものだ。

● タロットの奥義伝授

女教皇の絵は隠し絵になっている。隠し絵はダブルイメージとも呼ばれるもので、絵の中に別の絵が描き込まれている。

たとえば、若い女にも老婆にも見える『妻と義母』という絵がある（図4）。この絵と同様に、女教皇にも、ある別の絵が隠されている。なにが隠されているのか、読者はしばらく考えてみてほしい。このクイズには挑戦する価値がある。

女教皇の隠し絵を自分で発見したときに、ある種の魔法が発動し、その人にタロットの奥義が伝授される。なにが隠れているかの答えはあとで明らかにするが、自分の足で山に登るのとヘリコプ

図4

『妻と義母』
My Wife and My Mother-In-Law, by the cartoonist W. E. Hill, 1915 (adapted from a picture going back at least to a 1888 German postcard)
Wikipedia「妻と義母」より。

---

3 『天空の城ラピュタ』 1986年公開　宮崎駿／監督　日本

ターで一気に頂上に行くのとでは意味が違うように、自分で発見しようとせず答えだけを知っても魔法は発動しない。

観察する絵は、マルセイユ版の女教皇を推奨する。様々なマルセイユ系タロットが存在するが、2番のカードを見ればその作者の底が見えるものだ。

◉ジョヴァンナ伝説

ローマ教皇庁は否定しているが、9世紀に、ジョヴァンナ（ヨハンナ）という女の教皇がいたという伝説がある[4]。

教皇になる以前、うら若きジョヴァンナは男装して修道院で暮らしていた。卓越した神学の知識を持つ才女で、説法は聴衆の耳目を集め人気を博した。

だが性別を隠したまま、男ばかりの修道院で暮らせるものだろうか。修道士の服は隠者（9番）が着ているだぶだぶのフードつきローブだから体の線は出ないし、当時の修道院では、誰かと一緒に風呂に入る習慣もないし、修道士の生活は生理も止まるくらいの粗食生活だから、ばれずにすんだのではないかという研究者もいる[5]。

ジョヴァンナはやがて出世して、性別を偽ったまま、男として教皇に即位した。

しかし、あろうことか妊娠してしまい、ある日、観衆の目の前で赤子を産み落としてしまった。その後、ジョヴァンナはすぐに死んでしまったとか、観衆に石を投げられて殺されたとか諸説ある。

教皇が実は女でしかも出産などカトリックにとっては非常にまずい出来事なので教皇庁は記録に残さなかったのだなどと陰謀論のような説まであり、ジョヴァンナの噂は消えることなく今に伝わっている。

また、ジョヴァンナが子供を産んだというのは重要なところだ。2番の次は3番の女帝、これは母親や妊婦を象徴するカードだ。若くて美しいヒロインが登場する物語は無限といってもいいくらいたくさん存在するが、その物語は大概、独身のまま終わり、まず出産まではいかない。ジョヴァンナが出産したら

4　塩野七生　「女法王ジョヴァンナ」『愛の年代記』　新潮文庫　1978年
5　『女教皇ヨハンナの謎』　あなたの知らない世界史　シーズン2（吹替版）第7話　2011年　Amazonビデオ

そこで死んでしまうように。

　隠し絵の謎は解けただろうか。チャレンジしたが途中で諦めて読書を再開した方にヒントを出そう。まだ諦めるのは早い。

　彼女は青いローブの下に赤い服を着ているように見えるが、実はこれは赤い服ではなく、内部が空洞になっているテント（幕屋）だ。テントの内部にクロスした黄色のたすきのようなものが見えるが、長いほうの一本はたすきではなく、テントを支えている杖だ。この絵は**女教皇のお面がついたテント**を描いている。女教皇は魔法少女なので、奇術師と同じく魔法のバトンを所有しているらしい。

　テントの中はからっぽだ。杖が外れると、このテントはぺしゃんと潰れて、お面が床に転がるだろう。中の人などいない。女教皇は史実に出てこない実在しないキャラクターであったことを思い出そう。二次元嫁は抱けない。

　女教皇の美しい顔はただの仮面であって、客寄せの看板だ。女教皇はからっぽだ。からっぽだから神にすべてを明け渡すことができる。そこに奇術師がやってきてこのテントの中でショーを始めるのだ。

　しかしこれだけではまだ半分しかトリックを見破れていない。以上をヒントにもうしばらく考えてみてほしい。

●信仰と謎と無知

　奇跡や神である1番の次の2番に女教皇というシンボルが現れるのは必然だ。1である神は全知全能だから、信じるなどということはない。詐欺師も手品師も自分の技を魔法だなどとは考えない。種も仕掛けもあるトリックやテクノロジーが、その仕組みを知らない者には奇跡や魔法のように見えるだけのことだ。そして奇跡や魔法だと信じた人々が、1の信者になってくれる。

　彼女は本（聖書）を持っているが、読書は既に書かれたものを読む受容的な行為だ。1番には能動的な神（教祖）がおり、2番には受容的な信者がいる。2は宗教や信仰が始まる数だ。

　女教皇の背後には、幕（ヴェール）がかかっている。陰影を観察すると、ヴェ

II　女教皇

ールごしに光が漏れているようだが、なにが隠されているのかは見えない。

　ユダヤ教では神の姿を人間が直接見ると死んでしまうということになっている。神はモーセに言った。

　"あなたはわたしの顔を見ることはできない。人はわたしを見て、なお生きていることはできないからである[6]。"

　2番のヴェールは1番の神を直接見ないようにするためのものなのだろう。神がヴェールの彼方にいるから、ヴェールは光っているのだ。

　また宗教は、底の知れない恐ろしいもの、たとえば自然とか宇宙とか、命を生み出す性の力などを神の座に据える。底が知れているものは宗教にならないのだ。だから宗教の起源や根拠には、無知のヴェールがかけられていると言える。底は見えず、ヴェールに映るぼんやりした影がうごめいているのを見て、人々はあれやこれやと想像や妄想を膨らませる。そこから無限の物語が生まれ、それがあらたに教義に加わり、女教皇の本はどんどん分厚くなっていく。

　女教皇はヴェールのこちら側のことは何でも答えられる。手にした律法書にはあらゆるケースについて書かれている。しかしヴェールの向こうの神である1番が「なぜそうするのか」は知らない。ただ従うだけだ。コンピュータがプログラムを実行しても、「なぜそうしなければならないのか」考えないように。

　女教皇には「賢さ」の意味もあるが、ルーチンワークやビッグデータを単純処理するような能力だ。奇術師の能力が必要とされる、想定外の事態への対処や創造性が必要な局面では手も足も出ない「無知」な存在になってしまう。

　タロットの起源は解明されていない。だからタロットにも無知のヴェールがかけられている。ヴェールごしのぼんやりした影絵には、様々な国の文化や思想がほのめかされているように感じられる。そこから無限の想像と妄想が生まれ、亜種のタロットカードや解説本が次々と生まれてくる。

　無知のヴェールという処女膜が裂かれてしまった宗教は、その信仰も終わってしまう。タネがばれてしまった手品は見ていてもおもしろくないのだ。ミス

6　『出エジプト記 (33 : 20)』　旧約聖書　新共同訳

ター・マリックも、超能力ではなく手品だということが暴露されてしまうと、「超魔術」だったころのドキドキワクワクは消え、普通の手品ショーとなって、意味が変質してしまう。サンタクロースがいると信じていたのに、その正体は親であったことを知ってしまう。神様だと崇めていたのに、その神様がある日、自分はただの人間だと宣言する。このように無知のヴェールが引き裂かれると、それまで自分を支えてきた信仰と信念が崩れ去り、もうそれまでと同じ生き方はできなくなってしまう。「神を直視すると死んでしまう」というのは、そういうことではなかろうか。

図5

ウエイト版　1番「魔術師」

ところで、ウエイト版の1番(魔術師)を見てみよう(図5)。魔法の儀式をする男が描かれている。彼は祈禱師やまじない師みたいなもので、祈りの対象をもっている者だ。描かれているのは信心深い男で、奇術師や神というよりは信仰に生きる女教皇に近い。ユダヤやエジプトの神様でも拝んでいるのだろう。奇術師には笑いがあるが、魔術師には笑いがない。なにかを信じ込んでマジになっている者に笑いはないものだ。

●奥義を見つけし者に祝福を

では隠し絵の追求に戻ろう。女教皇の胸にあるたすきは、たすきではなく、からっぽの女教皇の幕屋を支える魔法のステッキだった。そしてその奥にある、小さな穴か小さな黒い虫でもついているかに見える、短いほうのたすきはなんだろう。さらに心の中で、女教皇の顔をのっぺらぼうにして、三重冠の模様も

II 女教皇　　067

消し、手と本も消してしまおう。すると。

　女教皇のテント（幕屋）は、背後のヴェールも込みのそれ全体で、女性器の隠し絵になっている。ジョヴァンナはここから赤子を産み落としたのだ。これで女教皇が持っている本も、蝶の羽根のように開く女性器の暗喩だとわかるだろう。奥の短い穴らしきものがついたたすきの見方も変わってくるだろう。これは鍵穴だと筆者は思う。教皇は天国に入るための扉の鍵を持っているとされる。それに対して女教皇は鍵穴を持っているらしい。つまり凸凹の関係だ。鍵が開くと奥の院が開き、そこから命が生まれる。イエス・キリストが言うところの"霊によって生まれ変わり天の国に入る"[7]、ということかもしれない。

　また人はこの女陰の門をくぐってこの世に生まれてくる。子供が自分の分身なのだと考えるなら、来世への入口ともいえるだろう。

　なんにせよ女陰は畏怖すべき聖なる場所とはいえまいか。神道では巨大な岩や樹木にできた裂け目を女性器に見立て、しめ縄をとりつけて神聖なものとして祀ったりする。

　女教皇の謎を自力で発見できたということは、絵を読み解くのに必要な、ある種の注意力を獲得したということだ。これはいくら本で読んだり、誰かに教えてもらったりしたところで身につきはしない。だからクイズにして、読者自身に実践してもらおうと思った。答えを教えられるのと、自力で発見するのとでは意味が違うのだ。

　広告の絵や映像に、女性器や男性器を隠し絵で埋め込むと、「サブリミナル効果」が発揮されると言われる。性や死など原始的な本能に訴える図像を埋め込むことで、訴求力が高まるのだと言う。その絵や映像を見た人は、無意識的にその絵に惹かれてしまうらしい。科学的に効果が実証されたものではないが、マルセイユ版大ヒットの理由も案外こういうところにあるのかもしれない。こういう見方を知ってしまうと、あちこちにサブリミナルが仕掛けられていることに気づくようになる。「昔は見えなかったが今は見える」ようになったのだ。

7　『ヨハネによる福音書 (3: 5-6)』　新約聖書　新共同訳

「女性器に似ているのは偶然にすぎない」とか、「私にはそんなふうには見えない」、などという批判もあるだろう。その通りかもしれないし、そうではないのかもしれない。マルセイユ版の女教皇は、どちらにも受け取れる曖昧な絵なのだ。しかし自力で**発見してしまった**読者は、女教皇に祝福されたのだ。奥義をつかんだ恩寵として、これからタロットの本質が次々と開示されていくだろう。とはいえ、奥義というものは、知ってしまうとなんてことはないものだったりする。当たり前すぎて、なにが奥義だったのかも忘れてしまう。

Ⅲ 女帝

◉1＋2＝3

1番（奇術師）は少年、2番（女教皇）は少女、二人が恋をして結ばれると、少女は母（女帝）になる。1＋2＝3ということだ。結ばれなかったとき、奇術師は、放浪する愚者として次の町へ旅立つ。

女帝のステージに進んだ段階で、奇術師はこの土地（女帝）に根を下ろし、放浪することをやめ、所帯をかまえ共に生きていく選択をしたのだろう。

女教皇は生殖とは無縁で誰のものでもない女性だったが、女帝は生殖可能で、人妻や妊婦や母親といった誰かと安定的につながっている女性だ。女教皇は言葉とイメージを使っておはなしを編みあげたが、女帝は自らの養分を胎児に与えて我が子を編みあげる。母親は生の授与者であるとともに、死の授与者でもある。生まれた以上、死は宿命だからだ。

女帝に象徴される人物像は、大きなお腹をさする妊婦さんから、子供たちのため忙しく料理する母親、ママ友を集めて子育てサロンなぞを主催する主婦、役者の卵などを支援する女性パトロンなどなど、様々だ。

女教皇は「おはなし怪獣」だったが、女帝はもうおはなしを意識することもない。無数のおはなしの中から自分に見合うものを選択して、それを実地に生き始めたあとだからだ。

女教皇の愛は熱情であり神様一筋だが、女帝の愛は身近さゆえの慈愛であり、夫や子供や親族やご近所さんなど、どんどん愛の対象が増えることを美徳とする。長い子育て期間の最中に愛情を突然に失ってしまっては、子供がまともに育たない。熱情よりは慈愛のほうが長持ちするものだろう。

　女帝には安定的な愛着対象があり、自分の持つものを相手に与えて満たし、相手を満たすことを通して自分も満たされる。しかしその母性が過剰になりすぎると、相手を物質的にも精神的にも依存させて支配するようになる。

●王権の証レガリア三点セット

　3番と4番（皇帝）はどちらも宝珠（球体に十字）のついた王笏を持っている。この二人はおなじ王笏を共有しているらしい。ただし女帝の王笏は裏側がこちらに向いていて、さらに影がついているが、皇帝の王笏は十字のある表側がこち

図6

Titian's version of Salvator Mundi（1570）

テューダー・ローズの紋様とオコジョの毛皮で飾った即位衣を纏うエリザベス1世（1600-1610）

どちらも左手に十字のついた宝珠を持っている。

らを向いていて影がない。つまり、女帝の王笏は夜と月を象徴し、皇帝の王笏は昼と太陽を象徴しているのかもしれない。女帝と皇帝は夫婦だ。

この王笏についている球体は『世の救い主 (Salvator Mundi)』という絵画の中でキリストが持っている、十字架つきの宝珠とよく似ている（図6）。この球体はキリストの教えと救済が地球全土にあまねく伝わっていくことや、キリストと教会の勝利を意味する[2]とされる。球は古来より全宇宙・全世界を表し、またその支配権の象徴とされた。

エカテリーナ二世など女帝を描いた絵画は多数存在するが、彼女たちとともに王冠と王笏と十字つき宝珠が描き込まれている。この三点セットは王権を象徴するアイテムで、レガリアと呼ばれる。このセットを持つことが王の証だ。

王冠を戴き、王笏と宝珠を持つと、両手がふさがってしまうのだが、マルセイユ版の女帝と皇帝は、**十字のついた宝珠と王笏が一体となった**アイテムを持っているので、もう一つ余計に個性を表すアイテムを持つことができる。

女帝は盾を持っているので防御力を表している。それは我が子を守るような力と言えるだろう。

王笏は発言の重さを周囲が明確に識別できるようにするための道具だ。王が公的な立場で配下に命令を発するときは、王笏を持って発言する。私的な発言をするときは持たない。

女帝と皇帝がレガリアを持っているのは、責任を持つ立場を表しているのだろう。子供が生まれると、大人としての、あるいは親としての責任が生じるものだ。

女帝が首にかけているのは頸飾 (Collar of the Order) と呼ばれる首飾りで、勲章と同じ性質をもつ。特別な功績があったものに贈られるが、最高位クラスの勲章で、天皇や大統領、王や女王といった国家元首クラスの人々がまとっているのを目にするくらいだ。首飾りといってもおしゃれのためのアイテムではなく、式典などの特別な機会に着用されるアイテムらしい。

子供（奇術師）はバット（棒）とボールを持っている。つまりおもちゃを持って

1　"globe（地）球"　アト・ド・フリース　『イメージシンボル事典』　大修館書店　1984年
2　"球"　柳宗玄，中森義宗／編　『キリスト教美術図典』　吉川弘文館　1990年　p420

いる。学生（女教皇）は本を持っている。奇術師も女教皇もまだ未成年だ。大人（女帝・皇帝）になると一家をかまえレガリアを持ち、社会的責任を負うことになる。頸飾は子供をつくり親となった功績を表しているのかもしれない。

　女教皇は処女を意味するので聖母マリアも象徴する。そういう意味では女帝も女教皇も母だ。教皇（5番）は聖なる父で、神父と見なせるので皇帝も教皇も父だ。しかし、血のつながりのある子供を持たない女教皇と教皇には、頸飾はない。

　彼らは権威は引き継いでも血は引き継がない。また外見だけ見て「親子」とはわからない。血肉をわけた親子は顔やら声やらで、他人にもわかる。精神の親子にそれはない。

　ところで、右は善、左は悪を象徴する。皇帝は王笏を右手に持っている。女帝は王笏を左手に持ち、しかも宝珠の裏側がこちらに向いている。女帝の政治は悪政という暗示が、この絵には込められているのかもしれない。

◉鷲の盾

　女帝が右腕にかかえている盾には鷲が描かれている。鷲には多くの象意があるが、地上の百獣の王がライオンなのに対して、鷲は空のライオンに相当する強い鳥だ。

　「獅子は我が子を千尋の谷に突き落とし、這い上がった子だけを育てる」という諺があるが、"鷲は雛を翼に乗せて太陽圏まで運んでいって、熱に耐えられない雛をふるい落とす"という。ライオンは太陽的なシンボルだが鷲も太陽的だ。太陽は東で生まれて天を駆け上がり西の空を血に染めて沈む。そして再び東から復活する。そんなわけで鷲は象徴的にフェニックス（不死鳥）を表す。

　物語の中で鷹や鷲を飼っている人は、皇帝や武将といった人々だ。虎やライオンを飼っている人々も同様だ。

　盾というのは防具だから、自然界の脅威や外敵に対する守りを意味していると考えられる。親には子供を守る役割がある。

3, 4　"eagle ワシ"『イメージシンボル事典』

また、鷲の巣の中で見つかるイーグル・ストーンという、黄褐色の石があり、妊婦が身につけていれば流産を防ぎお産を軽くするといわれる。[4]

◉土の翼

女帝は背中に翼を持っている。両肩の後ろに見えるのは、椅子の背もたれではない。しかしこの翼は、地面にめりこんでいて、空を飛べる翼には見えない。左腰（王笏を持っている側）のあたりに、女帝のものとは別の小さな翼が見える。まるで尻に小鳥を敷いているかのようだ。

大アルカナの中には天使が登場するカードが四枚ある。女帝はそのうちの一枚で、他は6番（恋人）、14番（節制）、20番（審判）だ。「キューピッドは天使じゃない」とか「悪魔（15番）にも翼があるじゃないか」とか「サタン（悪魔）も元天使だ」とか、小姑のようなツッコミは78対22の法則でスルーして、天使の翼の意味について考えてみよう。

天使は人間に似ているが人間ではない。天使に翼がついているのは、天の国と地上の人間界を往来するためだ。そして神からのメッセージを運んだりする。普通、天使は人の目に見えないが、鳥のように空気の中に住んでいる。

6番、14番、20番に登場する天使たちは明確に鳥の翼を持っている。しかし女帝の翼は大地と一体化している。だから女帝は他の天使たちと違って飛べない。天国と地上を往来できない。他の天使が空気の中に住んでいるのに、彼女だけは地上に住んでいる。しかし彼女は運搬人だ。なぜならば赤子の魂を地上につれてくるからだ。土（物質）から創られた肉体という衣を魂に着せる。彼女の翼が大地につながっているのは、そういうことではあるまいか。左腰に見える小鳥の翼は、彼岸よりつれてきた赤子の魂の寓意ではなかろうか。

◉平安時代の奇術師と女教皇

平安時代末期（1180年前後）に編まれた歌謡集『梁塵秘抄』に、母が子を想う歌がある。当時の若い男（奇術師）と娘（女教皇）のリアルをそれぞれ伝えている。

III 女帝

わが子は十余に成りぬらん　巫してこそ歩くなれ

田子の浦に汐踏むと　いかに海人集ふらん

正しとて　問ひみ問はずみなぶるらん　いとほしや

わが子は二十になりぬらん　博打してこそ歩くなれ

国々の博党に　さすがに子なれば憎かなし

負かいたまふな　王子の住吉西宮

現代語訳

　私の娘はもう十余歳になったことでしょう。噂では歩き巫女とかいうものになって諸国をめぐっているようです。田子の浦にさすらっているとか。どんなにか多く漁師たちが集まってくることでしょう。娘の占いを、「当たっているよ」とばかり、あれだこれだとさんざん言って、なぶりものにしていることでしょう。かわいそうな子よ。

　私の息子はもう二十になったことでしょう。噂では博打をして歩いているようです、国々の博打仲間に交わって。やくざ者でも、わが子なれば腹立つ気にもならないのです。どうかあの子を負かさないでください、王子の宮、住吉、西宮の神々よ。

　若い男が博打にはまり、チームで群れるのも、若い娘がスピリチュアルにはまり、援交に転ぶのも、そして遠い土地でさすらう子供たちをあれこれと案じて故郷で心を痛める母親の親心も、平安時代から変わらないらしい。

5　『梁塵秘抄』　新間進一／校注・訳　（日本古典文学全集25『神楽歌　催馬楽　梁塵秘抄　閑吟集』　小学館　1985年　第12版　p295）

ⅢⅡ 皇帝

◉王の傍らには道化がいる

女帝は母、皇帝は父親を象徴する。

十月十日の懐妊期間の後、赤子が産まれてくると、少年は父（皇帝）となる。この状況は父王（4番）のそばにいる息子（愚者）と考えることもできるだろう。王の傍らには道化がいるものだ。

生まれてきた赤子は新たな1番（奇術師）として新しいスタートを切るが、まだ何もものを知らぬ愚者でもある。1番と愚者は表裏一体だ。

4番（皇帝）は父と、動物的な赤ん坊の両方を象徴する。赤子は四つ足ではいはいをする。まだ獣の段階にあり、言葉も知らず、シッコもうんこも垂れ流す。泣き叫べば周囲が世話を焼いてくれる。赤ん坊は、しばしば王様にも喩えられる。泣き叫べば周囲がなんでも願いを叶えてくれる大暴君だ。

◉王は横顔で描かれる

君主の顔は伝統的に真横から見た顔で描かれるものと決まっている。エリザベス女王の横顔の彫られた金貨もあるから、男性の君主に限るというものではないらしい。

西洋ではヘレニズム時代あたりからコインに皇帝や王の肖像が刻印されていたが、ほとんどが横顔になっている。当時は正面からの顔を表現できるほど繊細な刻印はできなかったし、鼻を高く彫るにもコインの表面が摩耗していく問題があったためらしい。また横顔なら輪郭で骨相なども表現しやすい。

通貨の発行は支配者の権威があってのものだし、その流通圏は交易範囲、つまり文化的影響が及ぶ範囲を示すことになる。コインを通じて、固有の領土内に限らず、近隣の交易相手国にも支配者の顔が知れ渡る。まさに「国の顔」になるわけだ。やがて支配者が変わってコインに鋳られる肖像も変わっても、発行済みの貨幣の価値は変わらず、回収されることもなかったという。[1] コイン

---

1 "硬貨" Wikipedia日本語版 （2018年3月3日閲覧）

を見れば「あの王様の治世下のものか」とわかる辺り、民にとって一番身近な
モニュメントともいえるだろう。

　また、横顔というのは「奥行き」がわかる描き方だ。たとえば「○○先生の
横顔」というタイトルはその人の略歴や半生記を意味している。つまり、その
人の時間軸上の奥行きの説明だ。皇家は先祖から続く血の継承を大変に重視す
る。どんな家系の枝に連なっているかは、誰か特定の皇帝を語るときに欠かせ
ないプロフィールだ。旧約聖書の時代から、王侯貴族や我が国の武家社会など、
正統性が問題になるところでは必ず取りざたされる。英単語の"profile"には、「横
顔」と「略歴」、両方の意味がある。

◉定規を持つ皇帝

　皇帝はベルトに左手をあてがっているように見えるだろう。しかしなんのた
めにそんなことをするのかわからない。そこで少し見方を変えてみよう。左手
はなにかを握っているようにも見える。握っているのは目盛りのついた定規で
はなかろうか。定規は英語ではルーラー (ruler) というが、君主や支配者という
意味でもある。定規は長さを測る道具だが、そこに記されている目盛りの幅と
単位を決めるのは国の仕事だ。聖書の中に"箱舟の長さは三百キュビト、幅は
五十キュビト、高さは三十キュビト[2]"などとあるが、一キュビトは王の手の中
指の先から肘までの長さから決められていた。

　我が国で販売されている定規には、JISマークのついている検定された品と、
そうではない品がある。JISマークがない品には、1ミリくらいの狂いがあるこ
とはざらだ。JIS（日本工業規格）は"工業標準化法に基づき制定される国家規格[3]"
で、これは王が制定したわけではないが、国の仕事であることに変わりはない。
皇帝が持つシンボルとして定規は適切なアイテムだ。

2　『創世記 (6:15)』 旧約聖書
　　口語訳聖書ではキュビトだが新共同訳ではアンマに変更。呼び名は違っても、1キュビト
＝1アンマ＝約44センチ。
3　JISC "JIS (Japanese Industrial Standards) とは" https://www.jisc.go.jp/jis-act/（2017年4月8日閲覧）

●4は立ち上がる数

皇帝は片足をあげて4の字のポーズをとっている。片脚を上げて座っているようにも、立っているようにも見える。

独立することを「一本立ちする」と言う。一本立ちには一国一城の主になるような意味合いがある。

4という数について考えてみよう。1は点でゼロ次元。2点を結ぶと線が生まれて一次元。3点あれば三角形ができるから面となり二次元。4点になると四面体という立体が形成できて三次元が生まれる。4は初めて立ち上がることができる数だ。四つ足の赤子がある日、立ち上がるように。4というアラビア数字も一本足で立っている。4は王の数だ。

●一本足で立ち続ける代理王

『金枝篇』という世界各地の神話・呪術・信仰に関する研究書の中に、一本足で立ち続ける王の話がある[4]。

19世紀、タイ王国がまだシャムと呼ばれていた時代、豊穣の祭りの日になると国民の中から代理の王が任命され、本物の王は宮殿の奥に引きこもる。この代理王は天軍の主とか跳ぶ王と呼ばれ、王の主権をゆだねられる。祭りのとき代理王は樹木に背中をもたれかけて、あるいは椅子の上で、4番の皇帝のように一本足で立っていなければならない。三時間くらいは立っていなければならなかったらしい。彼が立っている間、参加者たちは歌ったり踊ったり儀式的なお祭りさわぎをする。最後まで立っていられれば悪霊どもに勝利したことになる。途中で倒れたり足を降ろしたりしたら国家の滅亡を暗示する不吉な兆しとされ、代理王の財産は没収、その家族も王の奴隷にされたという。

（古代の王は天候次第ともいえる作物の出来不出来にまで責任をもたねばならない存在だった。人間に負える責任の範囲を超えている。だから王は道化を作り、それに不徳の致すところをすべておしつけ、自らの人格から切り離したと言われる[5]）。

4　ジェイムズ・G.フレイザー　"第二十五章　一時的な王"　『金枝篇』　第二巻　永橋卓介
　　／訳　岩波文庫　1966年
5　『影の現象学』

もちろんその苦労に報いる王の特権も与えられていて、祭りの三日間は従者に命令して市場や民家や港に入港する船からなんでも没収して自分のものにできる。

　一本足で立っているというのは、稲が倒れず丈高く成長することを祈願しているのだろうと著者のフレイザーは解釈しているが、どちらかというと、そそり立つ男根を象徴しているのではあるまいか。途中で力尽きて倒れてしまうのは、萎えた男根を意味するので不吉ということだ。まっすぐに立つ稲であれ、そそり立つ男根であれ、どちらも豊穣のシンボルであることに違いはない。

　皇帝の頭部に注目しよう。変わった形の王冠を戴いているが、その形は男根そのものだ。女教皇の隠し絵を理解された読者には自明のことだろう。

　片足立ちの姿勢は、そんなに長くは続けられないものだ。やがて力尽きて倒れてしまう。だからこの姿勢には、一定時間耐えるという意味があると考えられる。王というのは、いつかは必ず倒れるものだ。どんな政権もいつかは倒れる時がやってくる。皇帝はそれまで耐える男なのだ。

　中年のおやじたちを思い出そう。ちょうどこの絵の皇帝と同じくらいの年齢域だ。家族とか住宅ローンとか社会的責任とか、様々な事情があるだろうが、みんな重たい荷を背負って耐えているとはいえまいか。皇帝は父性原理の象徴だ。

　少年である奇術師は、雲行きが怪しくなったら荷物をまとめてさっさと逃げ出せばいい。しかし、1＋3＝4、つまり少年は妻子を持って、皇帝となった。一家の父親として、食べさせていかなければならない者たちを抱えている。縄張りを死守して、我が子に受け継がせなければならない。

　新しく生まれた子供を4とみなすなら、「子」が生まれた時に「親」という存在も生まれるといってもいい。子供を持ってはじめて父親と呼ばれるようになる。部下を持ってはじめて上司になれるようなものだ。

　ところで、西洋色の濃いタロットの皇帝と、アジア圏のタイの祭りとに関係があるのだろうか、と思った読者もいるかもしれない。その通りで、おそらく因果関係はないだろう。しかし図像との相関性は見いだせる。

　マルセイユ版は西洋社会やキリスト教文化のシンボルばかりで描かれている

が、読み解いていくと国境や時代を越えて、似たような文化があることに気づく。確たる証拠もないまま、タロットの起源は中国だとかインドだとか古代エジプトだとか古代イスラエルだとか色々と言われるのも、世界中にタロットと関連性を感じさせる文化が多数あるからで、タロットは見かけによらずインターナショナルなものだ。

◉受精卵

　1番から4番は、若い男女が恋に落ちて結婚して父と母になる物語として見ることができたが、このプロセスを生物学的なミクロの目で見ることもできる。1番の奇術師は受精卵。卵子と精子が結合すると、卵細胞は防護幕を瞬時に形成して、ほかの精子は侵入できなくなる。

　受精卵はやがて二つに細胞分裂する。これが2番。二枚のあわせ鏡に無限に鏡が映り込むように、卵細胞は分裂を繰り返し胎児の肉体が形成されていく。DNAに従って肉の衣が編まれていく。織り姫星の物語があるように、女神様は編み物をする。昔々のお姫様やお妃様はお城のなかでトンカラトンカラ編み物をしているものだ。だんなの王様はいくさや狩りにあけくれる。妊娠したお后様は生まれてくる子供のために服を編む。おなかの中では赤子の肉の衣を編んでいる。

　受精卵（1番）が分裂を繰り返し、赤ちゃんが誕生することを現代の科学は知っている。しかし卵細胞をゼロから工学的に作り出すことはできないし、その生物学的仕組みもほとんど解明されていない。それはまだ神の領域（奇術師）のことだ。

◉奇術師の股下のナニか

　再び奇術師の絵を見てほしい。彼の股下にロウソクの炎のような形をした草が描かれている。その周囲にも草があるが、明らかに形が違う。これは草ではなく、奇術師がこの世界にやってきたときにくぐり抜けた裂け目ではないかと

6　マリオン・ジマー・ブラッドリー『アヴァロンの霧』シリーズ（全四巻）　岩原明子／訳　ハヤカワ文庫FT　1988–1989年

IIII　皇帝

筆者は思う。外からやってきた精子（愚者）は子宮の中の卵細胞と結合し始動する。肉体の形成というミラクルなショーが始まる。この裂け目は完成した赤子の出口でもあるのだ。コンバー版の1番だとさらにわかりやすく描かれていて、股下の草というよりは、なにかの裂け目、ありていにいえば肉の裂け目が暗示されている。やがて明らかになるが、これは21番（世界）のアーモンド形のゲートでもある。世界には入口があり、入口は出口でもあるのだ。

　奇術師が女教皇のテントに潜り込み、ふたたびテントが開くと赤ん坊がはいはいして出てきた。**人間が生まれることは大変な神秘だし偉大な秘儀だ。**生まれてきた子供は、両親が獲得したものをやがて受け継ぐことになる。赤ん坊は、新たに生まれた1番であり、無垢な愚者であり、未来の皇帝なのだ。

Ⅴ　教皇

◉教会と寺子屋

　教皇はカトリックの最高指導者だ。三重になっている教皇冠がローマ教皇であることを示している。ローマ教皇は教会を象徴し、教会はイエス・キリストの教えを学ぶ学校とも言える。

　教皇は、他の文化圏だと、祖父や一族の長老といった共同体の精神的なまとめ役で、たとえば我が国なら天皇が同じような役割と言えるだろう。広義には冠婚葬祭などの共同体の行事を仕切ったり、伝えたりする者があてはまる。

　5番からは第二ステージが始まり、生まれてきた子供は学校に行く。1番から4番までは家の中のおはなしだったが、5番からは生まれてきた子供が社会に参加し、世の中で育っていくおはなしが展開する。

　キリスト教の社会では、子供が生まれたら教会につれていき洗礼を受ける。赤子にはクリスチャンネームが与えられ信者の仲間入りをする。やがて教会に通って聖書をもとにキリストの教えを学ぶことになる。このような参入儀礼を通過しないと社会の一員にしてもらえない。

　寺子屋は江戸時代に読み書き算術などを教えた学問施設とされるが、文字通

り、寺院にそのルーツがある。

　"日本では中世に入ると寺院が庶民の世俗教育も担当するようになった。その場合子供たちは6〜7歳ぐらいから寺院に住込んで学習生活をおくった。この学習のために寺院に住込む子供たちを寺子といった。"[1]

　寺も教会も地域共同体の中で、今でいう戸籍管理のようなことをやっていた。どちらも権力とつながって信者（民）を管理するのだが、生まれてきた人に教育を施し社会に招き入れる役割も果たしている。

　現代の教会や寺院はそのような役割をもっていないが、子供が生まれたら名前をつけて役所に届け出て、それから義務教育の学校に通う。そうしなければ子供は国民（仲間）として認めてもらえない。読み書き算数も知らないままでは、やがては社会の縁に追いやられてしまうだろう。

　ヒトは生まれただけでは四つ足の獣と変わらず、教育されて人間になるのだ。5は人の数だ。

◉差別の始まり

　この絵には教皇と二人の信者が描かれている。もし信者が一人しか描かれていなければ、先生と生徒の関係が物語られているだけだが、二人いるということは、友達とか先輩後輩とか兄弟姉妹という関係も象徴している。

　教皇は二人の信徒の一方を見ている。これは差別の始まりを暗示している。教皇は善と悪を教える。右と左に分ける。信者と異教徒を区別する。学校の先生はよい子と悪い子を区別する。成績のよい子順にランクづけする。そうやって階層を作る仕事だ。学校は自律や集団生活のために必要な節制（14番）を教える。廊下を走るなとか、授業中は静かにとか、宿題を忘れずにやってくるとか、放縦したい気持ちを抑制することを教え込まれる。

　また、教育は学校だけではなく親から受けるものが大きい。子供が生まれると父親は皇帝と教皇を兼任し、母親は女帝と女教皇を兼任し、子供はその両者から数多くのことを学ぶ。親の教義の影響は大きい。**子供は親の信者だ。**

---

1 "寺子屋" ブリタニカ国際大百科事典 小項目事典 コトバンク https://kotobank.jp/（2017年12月8日閲覧）

V　教皇

●天国の門の鍵を持つ者

　教皇の背後にある二本の柱は、ソロモンの神殿の入口にあったというヤキンとボアズという二本の柱だと言われている[2]。図として描かれる場合は、教皇が杖を持っている左手側の柱がヤキンで右手側がボアズとされるのが一般的だ。奇術師のところで少しふれたカバラの慈悲の柱はヤキン、峻厳の柱はボアズ、そして教皇自身が均衡の柱を表す。

　ソロモンの神殿の奥にある至聖所には神との契約の箱が置かれていて、それはイエス・キリストが説いた、天の国につながっているとされる。

　初代教皇は十二使徒の一人であるペトロで、イエスから天の国に入る鍵を託されたことになっている。その根拠は『マタイの福音書』に書かれている。

　"わたしはあなたに天の国の鍵を授ける。あなたが地上でつなぐことは、天上でもつながれる。あなたが地上で解くことは、天上でも解かれる[3]。"

　教皇は信者を天の国に入れたり／入れなかったりする権能を有しているキャラクターだ。

●千年前から今も続く聖ヨハネ騎士修道会

　教皇の左手の手袋は叙任式のときに司教以上の者がつけるとされる[4]。だからこの絵は叙任式の光景を描いたものらしい。

　手袋についている紋章はマルタ十字と呼ばれる、聖ヨハネ騎士修道会の紋章だ[5]（図7）。この組織は西暦1023年ごろ、エルサレムにあった巡礼者用の病院兼宿泊所から始まり、1113年にローマ教皇から聖ヨハネ騎士修道会として正式承認された。

　騎士修道会のメンバーは、修道士であるとともに騎士のように戦闘もする集団だ。聖地エルサレムをイスラム勢力から防衛したり、聖地への巡礼者を道中

2　"Archpriest 教皇"『イメージシンボル事典』
3　『マタイによる福音書（16：19）』 新約聖書 新共同訳
4　"globe（地）球"『イメージシンボル事典』
5　"マルタ十字"『キリスト教美術図典』 p391

警護したり、病気の巡礼者を保護したりするのが仕事だった。

騎士修道会には貴族しか入団を許されず、清貧・服従・貞潔が掟で、妻帯は禁止されていた。この当時、入会は大変栄誉なこととされていたらしい。今も「ロドス及びマルタにおけるエルサレムの聖ヨハネ病院独立騎士修道会」として存続し、世界中で医療の慈善活動をしている。当然、今は軍事力は有していない。

手袋のマルタ十字が意味していることは、キリスト教から普通にイメージされる祈りと奉仕の生活だけでなく、軍事力を伴う集団という側面だろう。日

図7

マルタ十字

本にも昔は僧兵がいたし、たとえ教祖が非暴力を説く宗教だろうと、信者数が増えて国のようになると、武力が必要になってしまうものなのかもしれない。

マルタ十字をつけた教皇のカードは、やがて7番（戦車）でやってくる戦争のための兵士を養成する学校や、転じて職業訓練の学校というように、広義の意味での学校を意味していると考えられる。

● **富と名誉か、永遠の命か**

教皇が左手に持っているのは教皇十字のついた杖で、パレードのときに教皇が掲げもつアイテムだ。教皇十字は十字架が三つ重なった形で、上にいくほど小さな十字になり、ピラミッド型の階層構造になっている。

善なる手とされる右手に杖が握られていたのなら、天界における天使のヒエラルキーや父と子と聖霊の三位一体などを象徴すると考えられるが、左手に握っているということは、教会のもつ絶大な権力や富や地位や名誉を象徴しているのかもしれない。

これに対し右手のサインが意味しているのは、キリスト教が掲げる永遠の命

に至る極意だと筆者は思う。教皇の右手は親指を隠している。親指は男性器や種の象徴だが、教皇のそれは不滅の命に至る種を彼がもっていることを暗に示しているのだろう。東西を問わず秘教の教えでは、究極に至る鍵は胸にあるとされ、教皇も胸にサインを掲げている。

　教皇は、足下にいる二人の信徒が何を求めているのか、試しているのかもしれない。地上的な富や名誉か、天の国に至る永遠の命か。物質的な富や権力は目に見えるが、天の国や不滅の命は見えないし、不老不死の人を見たこともない。教皇十字の杖は左手に確かに存在するのに、右手にはなにも持っていない。

　仏教も悟りやニルヴァーナの境地に至る方法を説くが、これも目に見えないし、悟った人と悟っていない人を客観的に識別する方法も存在しない。もしかしたら実体のない壮大な法螺話かもしれないなどと思ってしまうのだが、これは1番の奇術師と似ている。教皇も奇術師も求心力がありカリスマがある。

　教皇は人を感動させる説法で信者を集めるが、象徴的に解釈するとそういう職業はたくさんある。たとえばミュージシャンや漫画家や小説家などもファンという信者がいるから食べていける。彼らが作り出した作品に代価を支払うことは、「お布施をする」などと表現されるが、それはファンが彼らの創作物に陶酔と熱狂という宗教的なものを感じるからではあるまいか。そういう意味では教皇も奇術師に象徴される芸人の一種なのだ。

◉日本昔話『三枚のお札』

　『三枚のお札[6]』という日本の昔話がある。有名なおはなしだが、これは出産時の産道体験の寓話になっていて、タロットの1番から5番までに照応が認められる。

1番（奇術師）と愚者

　　山寺の小坊主が栗拾いにでかける。出かける前、和尚からお守りとして

6　"三枚のお札" Wikipedia日本語版　（2018年2月3日閲覧）

三枚のお札を与えられる。小坊主は三つの魔法を和尚から授かった奇術師だ。

2番（女教皇）

　栗拾いに夢中になるうち、山の中で道に迷ってしまう。やさしそうなおばあさんが現れ家に招かれる。女教皇は老婆でもある。11番（力）を見よう。小坊主（獅子）が女に捕まったのだ。

3番（女帝）

　おばあさんは小坊主に食事を与え、もう遅いから一晩泊まっていくように言う。夜中に変な音がして小坊主は目を覚ます。やさしかったおばあさんは山姥に変わり、出刃包丁を研いでいる。小坊主は自分が食べられそうになっていることを悟り逃げ出す決意をした。小坊主が「糞がしたい」というと山姥は小坊主を縄でくくり便所につれていった。小坊主はお札に身代わりになってくれるように頼み、窓から逃げ出した。

　一晩泊まっていけというのは、子宮の中で一定期間過ごしていけということだ。子宮の中の胎児は、栄養をもらい大きく成長するが、やがて母胎の限界に達し陣痛が始まる。子宮が収斂して胎児は締めつけられ、命の危機を迎える。それまでの母性の優しく育む顔は失せ、食い殺そうとする山姥の相が出てくる。母性原理には、満ちていく月と欠けていく月のように、ポジティブな顔とネガティブな顔がある。

　山姥が小坊主を縄でくくるのは、胎児と母体をつなぐへその緒の寓意だし、逆さ吊りの男（12番）が、縄で吊されているのは、子宮で逆さまになって眠る胎児の象徴表現なのだ。

4番（皇帝）

　山姥が「もういいか」と言うと、お札が小坊主の声で「もうすこし」と応えるのだった。小坊主は細くて急な夜の山道を必死に逃げて山寺をめざす。山姥はお札のトリックに気づいて追いかけてきた。背後から死（13番）が迫ってくる。

　小坊主が二枚目のお札で大きな川を出現させるが、山姥は飲み干してしまう。小坊主は恐怖と苦しさに耐えながら逃げ続ける。三枚目のお札で大

きな炎を出現させると、山姥はさっき飲み干した川を吐き戻して消してしまう。それでもなんとか小坊主は山姥を振りきってお寺に逃げ帰る。

出産は母親にとっても胎児にとっても最悪死に至る危険な試練だ。山姥からの逃走劇は、産道を通る恐怖体験を暗示しているのだろう。

5番（教皇）

山姥はお寺にまで追いかけてきた。小坊主の危機はまだ去っていない。和尚は小坊主をかくまい山姥と対峙する。和尚は山姥をだまして豆粒のように小さく変身させ、焼いていた餅にくるんで食べてしまった。

生まれてくる赤子は冥府から鬼を引き連れてやってくる。その鬼を払ってくれる者が必要で、その役割を担うのが僧侶なのだ。教皇はその手刀で鬼（悪魔）を払う。

出産を終えると産湯で浄化が行われる。洗礼によって聖化されることで、共同体の一員に混ぜてもらえる。14番（節制）は水による浄化を暗示している。

VI 恋人

◉変なタイトル

学校通いの子供たちは、やがて恋するお年頃になるとともに、将来の進路を決める時期にもさしかかる。

恋人の図像には、キューピッドの矢が描かれていることから、恋が生じたり、将来にふさわしいパートナーを選択したりすることが暗示されている。

タイトルの"amovrevx"という単語は、現代のフランス語辞書には載っていない。これは古ラテン語の単語で、古ラテン語には"u"のアルファベットがなく"v"が使われていた。現代のフランス語では"amoureux"と綴る。ところが、"LE・BATELEUR"（1番）、"LE・PENDU"（12番）、"LA・LUNE"（18番）には"U"の文字がしっかり入っている。マルセイユ版ルーツのノブレ版ではこれらも"V"なのだが……。マルセイユ版の"L'AMOVREVX"は古さを演出するための遊び心

なのだろうか。

● なぜ三人いるのか

　マルセイユ版では三人の男女が描かれているのが重要なポイントだ。それに対しウエイト版の6番には最初の人類であるアダムとエバを彷彿とさせる二人の男女が描かれている（図8）。

　犬猫のような動物的な発情なら、三人目はいらない。本能のままに惹かれあい生殖して増える。楽園追放前のアダムとイブの関係はそういうものだろう。最初の人類だから、二人の恋路をじゃまする者はだれもない。

　しかし三人いるということは、二人以外の者がその恋愛を知っていたり、関わりをもっていたりすることを意味する。つまり二人きりの世界に引きこもっているだけの恋愛ではなく、社会的な承認を伴う恋愛であること、家と家とのつながりも関係していることを意味している。マルセイユ版の6番はお見合いの光景なのだ。このカードは「結婚」とか「貴族の結婚」とも呼ばれる。

　ところで、この三人の人物はどれが男性でどれが女性なのだろうか。

　向かって左側が男性で、真ん中と右側が女性なのだろうか。二人の女の顔が似ているので、これは親子かもしれない。シンデレラの継母のように、自分の娘を貴族や王子様に売りこんでいるのだろうか。

　しかし中世の女性は、左右の人物のように裾の長い服を着ているものだろう。だから真ん中の人物が男で、左右が女性だと言う人もいる。太ももをさらしているのは彩色の間違いで、奇術師のように、ショースと靴を履いているのだと。確かにそのように描かれているマルセイユ系タロットも存在する。

図8

ウエイト版　6番　恋人

しかしこの絵では、くるぶしが描き込まれている。これはあきらかに素足で、靴は履いていない。三人で会っていて、そのうち一人だけが素足というのも奇妙な話だ。

真ん中の人物が女性だったとしよう。中世の絵画で聖女が素足で描かれているのは禁欲を意味するという。[1]裾の長い修道服の下から、ちらりとのぞく素足にはそういう意味があるらしい。しかし太ももまで晒している6番の絵をみると、禁欲を表しているとはどうしても思えない。

古代ローマでは奴隷は靴を履くことを禁じられていたという。[2]この光景は、売られていく女奴隷や、それ同然によそに嫁がされる女性なのだろうか。

"ヨーロッパのイギリスでは、裸足はエロティックなイメージでみられてきた歴史があり、女性が男性の前で裸足になることは性的な関係を許しているとみられることもあった。[3]"という。西洋では家の中でも靴を履いた生活なので、靴を脱ぐのはベッドで寝るときぐらいだ。これは娼婦のように誘惑する女性なのだろうか。

素足になることには、へりくだった態度を示す意味があるようだ。モーセは神の御使いに、「ここは聖なる場所だから履き物を脱ぐように」と言われた記述が聖書にはある。[4]また雪降る中、カノッサ城門前で、素足で三日間祈りと断食をしてローマ王ハインリヒ四世がローマ教皇に許しを請うた「カノッサの屈辱」の話なども想起される。素足の女性は身分の高い男の前で、へりくだりの態度を示しているのだろうか。しかし太ももまでさらしているのはなにか変だ。やはり真ん中は男性で、左右が女性なのだろうか。

結論が出ないが、おそらくこれは多様な可能性が同居している絵なのだろう。恋の物語は、二人のうちから一人を選び取ったり、二人が争って一人を奪いあったり、三角関係になったり、誰かが二人の仲を取り持ったり、身分違いの相手と恋したり、不倫をしたり、などとシチュエーション豊富なものだが、そう

1 　J．ポール・ゲティー美術館 　『J.ポール・ゲティー美術館の傑作 　彩色写本』 　マケニー 田島千栄／訳 　J.ポール・ゲティー美術館 　1997年
2 　"foot 足"『イメージシンボル事典』
3 　"素足"　Wikipedia日本語版 　（2018年2月5日閲覧）
4 　『出エジプト記 (3: 2-5)』 旧約聖書 　新共同訳

いう恋愛問題の諸相をこの絵は漠然と表しているのではなかろうか。

　性的マイノリティの恋愛にもこのような関係は生じうる。この三人は性別も役割も曖昧にしか描かれていないので、全員が男、あるいは女であると解釈してもかまわない絵だ。キューピッドの矢はまだ発射されておらず、さまざまな可能性がこの絵には同居している。未来はまだ確定していない。

●リリスとエバ

　この絵は若い男が二人の女性のどちらかを妻として選ぼうとしている光景で、一方の女性はエバ、もう一方はリリスだという説がある[5]。エバは旧約聖書の創世記に出てくる人類最初の女であり、同じく最初の男であるアダムの妻とされる。しかし、実はアダムには前妻がいたというのだ。

　創世記一章にはこう書かれている。

　"神は御自分にかたどって人を創造された。神にかたどって創造された。男と女に創造された[6]。"

　神は男のほうをアダムと名づけ、エデンの園の獣たちに名前をつける仕事を与えた。このとき同時に造られた女の名前については触れられていない。

　そして第二章では新たにエバが造られる。

　"人はあらゆる家畜、空の鳥、野のあらゆる獣に名を付けたが、自分に合う助ける者は見つけることができなかった。主なる神はそこで、人を深い眠りに落とされた。人が眠り込むと、あばら骨の一部を抜き取り、その跡を肉でふさがれた。そして、人から抜き取ったあばら骨で女を造り上げられた[7]。"　そしてアダムはこの女にエバという名前をつけた。

　この矛盾から、前妻がいたとする話が生まれたらしい。前妻の名前をリリスと言う。

　リリスとエバには大きな違いがある。リリスはアダムと共に同じ質料から造られたが、エバはアダムの肋骨から造られたことだ。また、アダムの名前

5　イスラエル・リガルディー　『柘榴の園』　片山章久／訳　国書刊行会　1983年　p81
6　『創世記 (1:27)』　旧約聖書　新共同訳
7　『創世記 (2:20-22)』　旧約聖書　新共同訳

は神から授かったが、エバの名前はアダムがつけたものだ。そんなわけで、リリスとアダムは対等、エバはアダムに従順でなければならない者と見なされる。

リリスはアダムと性交する際、下になることを拒否した[8]。「あんたとあたしは対等の関係なのに、どうしてあたしが下に寝なきゃいけないのよ、あたしは騎乗位がいいの」というわけだ。リリスはアダムを捨てて出て行き、紅海の近くに住み着き、悪魔どもと交わって毎日百人もの子供を産んだ。神はリリスを呼び戻そうと天使を派遣したがうまくいかず、しょうがないのでエバを造ってアダムに与えたという。

ただし、聖書の中にはリリスという名前は一カ所も出てこないし、キリスト教会もアダムに前妻がいたなんて説は否定するだろう。この話は中世の文献などにあるもので、女教皇ジョヴァンナの話と同様、まことしやかに語り継がれている民間伝承のようなものだ。

エバは夫に素直に従う従順なタイプ、家事をこなし、子供を産み育てる女性。リリスはキャリアウーマンや女ボスみたいに気の強い女性。夫に経済的な負い目もなく、対等の関係を求める女性だ。男女同権、男女共働きが普通の世において、対等の関係を求める女性はいくらでもいる。

婚前交渉など論外という昔の社会ならともかく、現代における結婚前の恋人同士の関係は、リリスとアダムの関係に近いのではあるまいか。どちらも自立していて食の心配もなく、二股かけていることもあるし、気にいらなければ別れる。昔ならそんな女は一方的に悪魔や売女にされていたかもしれないが、今となってはむしろ当たり前かもしれない。しかし、結婚し家庭を築くようになると、リリスの性質は減り、エバの生き方に傾いていくかもしれない。

最初に造られた人類初の男、土から造られた奇跡の男、アダムは1番（奇術師）。最初に造られた人類初の魔性の女リリスは2番（女教皇）。アダムの肋骨を使って二番目に造られた従順な女、やがて母となるエバは3番（女帝）。1＋2＋3＝6となる。

---

8 "Alphabet of Sirach" Wikipedia英語版　https://en.wikipedia.org/wiki/　（2017年12月2日閲覧）

エバとリリス、どちらを選ぶかは、好みの問題だろう。しかしその前に、そんな選択をできる自由意志を、はたして人は本当に持っているのだろうか。

　このカードのタイトルは「恋人」だ。人には相性というものがある。相手が誰でも恋愛感情が生じるというものではないだろう。その引き金を自分では引けない。だから三人の頭上に、人ならざる者であるキューピッドが、恋に落とすための矢をつがえて舞っているのではあるまいか。しかし、**この弓には弦がない。**この矢は落ちるだけだ。恋に落ちる……ということだろうか。

　教皇のステージで共同体のルールを教えられても、次のステージでいざ恋に落ちると、相手は異教徒とか近親者とか既婚者といった、ルールから逸脱した相手になるかもしれない。恋人の図像では、仲介者がいることで、お見合いや社会的な制度としての婚姻が示唆されているが、キューピッドの矢があることで、掟破りのコースに進んでしまう可能性も暗示されている。恋は自分で選んで落ちるものではない。

◉性器はインターフェース

　キューピッドはギリシア神話のエロースと同一視される。エロースは少年か青年として描かれるが、キューピッドは幼児の姿で描かれる。

　女の性的魅力は重力にたとえられる。久米仙人は若い娘の脛（はぎ）を見て神通力を失って雲から落ちる。幼児には性の欲求がないので宙に浮いていられる。だからエロースよりキューピッドのほうが、よりプラトニックな愛を意味するのかもしれない。

　しかし、弓に弦がなければ、獲物を狙うことができないではないか。このキューピッドは無邪気に無思慮に気まぐれに、人を恋に落とすだけなのかもしれない。恋に理屈は通用しないものだ。

　キューピッドは金の矢と鉛の矢を持っていて、金の矢が当たるとその人は恋に落ち、鉛の矢が当たると恋が冷めるという。この絵のキューピッドがつがえている矢は白で、金の矢には見えない。つまりこのガキは鉛の矢を落とそうとしているのだ。

　金と鉛の二つの矢で恋愛モードがスイッチングする仕組みなのだとすれば、

VI　恋人

下にいる男女はすでに金の矢で射られた後で恋愛の真っ最中だと考えられる。しかし恋愛感情はやがて必ず冷めてしまうものだ。やがて投げやりな鉛の矢が降ってくる。恋は舞い上がるが、やがて転落する。だからその前に、二人は結婚という契約を交わすのだろう。

　15番の悪魔は恋人と同グループだ。大悪魔にもキューピッドにも性器がある（図9）。大アルカナの中で明確に男性器が描かれているカードはこの二枚だけだ。性器は異性と繋がるためのインターフェースなので、キューピッドは精神的に悪魔は肉体的に、男女が繋がることを暗示しているのだろう。

　恋愛はどちらにとっても相手が天使のように神々しく見え、悪魔のように魅惑されて、互いが離ればなれにならないようつながり合おうとする。結婚は契約だが、悪魔も契約を求めてくる。恋愛は、惑溺してみたり嫉妬にとりつかれたり、愛憎入り乱れる感情体験を伴いがちだし、恋の病という言葉もあるが悪魔も病をもたらす存在とされる。

　キューピッドの背後には太陽が輝いている。陽の下で三人の男女が出会っている。ところでアラビア数字の6をひっくりかえすと9になる。9番の隠者はランプを掲げているから夜であることを暗示している。老年期は季節でいえば

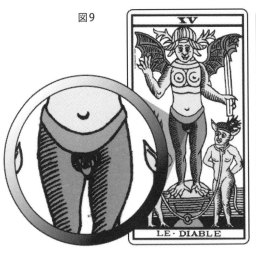

図9

冬、時間でいえば夜だ。そんなわけで6は昼で9は夜だ。6は若者たちで外交的で性的なのに対して、9は隠遁した老人で孤独で内向的で性から離れている。6と9は象徴的に反転した関係にある。

Ⅶ　戦車

◉労働の始まり

　序章の「タロット人生劇場」だと、戦車は第四幕の「兵隊」に当たる。

　6番で性が目覚め肉体的に大人になったら、7番では村や町の一員として役割を割り振られたり兵役についたり、時代によっては戦争に行ったりすることもあるかもしれない。平和な時代なら就職して労働と競争。企業戦士という言葉があるように、労働は闘いでもあり競争でもある。会社の中で出世したり、企業間でのシェア争いを繰り広げたり、自分の会社を興したりする。

　人間の身体的能力は年齢的には5番と6番のサイクルがピークかもしれないが、精神的にはまだ若すぎる。肉体の成長や心技体の訓練や人生経験を経て、心身、また生活環境も含めてよく発達させていくのが7番のステージだ。

◉ベン・ハーの戦車競走

　この絵に描かれているのは、チャリオットと呼ばれる古代の戦車で、ヒッタイト新王国（紀元前1430～1180年）が起源とされる。

　二頭立てなら小さな馬でも重たい車を引ける。隙間なく盾を並べて守りを固めている敵の隊列に猛スピードで突っ込み、突破口を開くのがその役割だった。いわゆる切り込み隊長だ。

　しかしこの絵の二頭の馬は前足だけしかないし、馬と駆者をつなぐ手綱もない。駆者も指揮権を表す王笏こそ右手に持っているが、左手は腰にそえていて手綱を持とうとすらしていない。この絵の作者は手綱を描き忘れたわけではなく、意図的に描かなかったのではあるまいか。この戦車は神輿や山車のようなもので、乗り手はコントロールしていないように見える。

VII　戦車　　　　093

また、これが漫画のような省略表現で、あえて手綱が省略されているのだとしても、独りで手綱を握り馬車を操りながら弓や槍で戦うというのは無理がありすぎる。実戦で使われたチャリオットは二人以上が乗りこみ、駆者と射手、あるいは長槍使いというように役割分担していたようだ。

　映画『ベン・ハー』で、チャリオットによる有名なレースシーンがある。古い作品なのでCGではなく、実物で本当にレースをしているからすごい。この映画はアメリカ議会図書館の永久保存フィルムにもなっている。

　映画では、10台ほどの一人乗り戦車が競技場でレースをするのだが、鉄の爪が仕込まれた車輪で体当たりして競争相手の車体を破壊したり、鞭で競争相手を打ったりすることも許されるデスレースとして描かれている。手に汗握る迫力のレースだが、古代ローマのそれをどこまで再現しているかは神のみぞ知るといったところだ。

　戦士も二頭の馬も右手方向を見ている。つまりこの戦車は右回りに大きな円を描きながら走行していると考えられる。そのためレース中の戦車を描いていると解釈できるが、円を描く行為から、土地をグルッと囲んで「ここは俺の領土（シマ）だ」と主張しているとも考えられる。古代の戦争は陣取り合戦だ。地図上で国境線が定まらない地域は紛争地域だが、7番の戦いは国境線を決めようとする戦いなのだ。もちろん戦いとあれば、国境線を押し広げて領土を獲得しなければならないし、逆に国境を侵犯されても追い返さなければならない。そして勝利を収めて帰ってくると、凱旋パレードが行われたりする。この戦車の絵はそのときの光景を描いているとも言われる。

　もう一つ、とてもひねくれた見方だが、二頭の馬の後ろ足は省略されているのではなく、実は二頭が胴体でくっついている幻獣なのではあるまいか。二つの車輪は、車体の両サイドに一輪ずつあるのではなく、立方体の車体の後面に二輪が取りつけられているのだ。つまりこの戦車は前進するのではなく、蟹のように左右に移動する。戦車のカードは西洋占星術では蟹座に照応するとされるが、この戦車は蟹のように横移動する戦車なのだ。蟹は固い甲羅（鎧）で覆

1　『ベン・ハー』　1959年公開　ウィリアム・ワイラー／監督　アメリカ

われているからか、防衛力を意味するとされる。前進して国境を押し広げようというのではなく、横歩きで国境に常に張り付いて見回っている感じかもしれない。つまり国境警備隊だ。

◉四方の柱と三角の屋根

　古代の戦争は王家と王家の戦いだった。武人にとって大切なことは手柄を立てて家名を上げることだ。名誉や名声を得るための戦いだ。

　この戦車には四本の柱と天蓋（canopy）があり、家を象徴している。画像検索でcanopyを調べると、四本の柱の上にピラミッド状の浅い傾斜の屋根がついたキャンプ用品が多数見つかるが、この戦車の屋根も三角のピラミッド型になっているのかもしれない。三角形と四角形を組み合わせると家の形になる。野球のホームベースの形は名前の通り家を表している。

　四本の柱は東西南北の四方位を、屋根（天蓋）は雨や雪など自然界からの脅威に対抗する力を表す。天蓋は王の権威を表すものともされる。物語の中で王様やお姫様は天蓋つきのベッドで寝ていたりする。戦車に乗っている人物は王冠を戴いているので、高貴な人の乗り物を意味しているのだろう。

　ヘブライには婚礼のフーパー（天蓋）という象徴がある。

　"ユダヤ人の婚礼のときに、新郎新婦の頭上に天蓋が張られた。女性が天幕を所有しており、結婚式は、男性が愛する女性の天幕に入る許可を得たことを正式に祝う儀式だった。天幕と、天幕が張られている地面は、その所有者である女性を表象していた[2]。"

　2番（女教皇）は、中身がからっぽの天幕だった。7番の戦車の天蓋も2番と同様、女陰のほのめかしに見えないこともない。4番で生まれた子供が6番で恋をして、7番で結婚して新たに家をかまえるという解釈もできる。

◉家には表札がある

　この戦車には車輪が二つ、前脚だけの二頭の馬は、片足ずつ地面につけてい

2　"Huppah"　マイケル・グラント＆ジョン・ヘイゼル　『ギリシア・ローマ神話事典』　西田実, 他／訳　大修館書店　1988年

VII　戦車

るので、この戦車は四点で支えられている。だからこれを現代のクルマだと考えよう。クルマの正面にはクルマメーカーのエンブレムがついているものだ。この戦車のエンブレムには「S・M」のイニシャルが入っている。タロットのメーカーが異なれば戦車のエンブレムのイニシャルも変わる。これは作者の名前やメーカー名のイニシャルだと言われる。それが家を表す7番に入っているのは家の玄関前に表札があるようなものだ。

　しかし「S・M」だとグリモーの社名でもないし、作者であるポール・マルトーとも一致しない。諸説あるようだが、どれが真実か筆者にはよくわからない。「S・M」のイニシャルを持つ人は大勢いるのだし、二文字に抽象化されてしまった時点で、多様な意味を含む象徴となったのだと居直ってしまってもよいのではあるまいか。

　たとえばSはアルファベットで19番目の文字、Mは13番目だ。大アルカナ19番は太陽、13番は死神だ。MからSまではMNOPQRSと7文字あって、戦車の数になる。19番には太陽から落ちる十三滴の滴が描かれていて、この二枚はリンクしている。戦車に乗っているのは王や王子やヒーローで、象徴的には太陽を意味する。太陽は神話では馬車で天空を運ばれていたりする。

　死神（13番）の横顔と月（18番）の横顔は向きこそ違えどそっくりで、13番は月ともリンクしている。詳しくは後述するが、どちらも支配者であり刈り取り人だ。13番は月（18番）と太陽（19番）のどちらにもリンクする。戦車は兵器であって殺戮の道具だから、死神という象徴もよくマッチする。

　このような象徴演算から、「S・M」は太陽と月を意味しているのかもしれない、などと連想を膨らませることができるのがタロットの面白いところだ。太陽と月はよく男と女や夫と妻に喩えられるが、家を描いた戦車のカードにふさわしいともいえるだろう。

　戦争のとき、兵士たちが持つ盾には、彼らが仕える領主の家紋が入っていたりする。また、家紋を入れた旗が掲げられたりもする。家紋（エンブレム）は人々を集結させるシンボルでもある。

●三組の夫婦

7番の戦車は家であるとともに、家族と先祖を象徴している（次ページ図10）。

3番の女帝と4番の皇帝は同じ王笏を共有しているから夫婦と見なせる。皇帝は父親でもあり産まれてきた子供でもあった。女帝が持っている王笏はその子供たる皇帝に引き渡される。それは母から子へ子から孫へと引き継がれていく命のバトンだが、それは戦車に乗る王子が持っている。3 + 4 = 7となり、家の数になる。

王子は両肩に、人面のスポウダー（Spaulder 肩当て）をつけている。「未来は君たちの双肩にかかっている」などと言われるように、肩は、大切ななにかを先人から託されて担う場所だ。そういった意味からも、肩は先祖の座だ。ご先祖様がいたから親がいる、親がいたから自分がいる。人は誰でも自分のご先祖様を背負っている。そんなわけで両肩は祖父や祖母の座と考えられる。

女教皇は若き日の母である少女を象徴するが、母を産んだ母でもあって、祖母や老婆をも象徴する。奇術師は若き日の父である少年を象徴するが、父を創った父でもあって、祖父や老賢人を象徴するが、祖父は5番でも代替できる。そして少女も祖母も、少年も祖父も、共に性から離れている存在だ。人は年老いると子供還りすると言われる。老人と子供は似ている。

祖母は2番の女教皇、祖父は5番の教皇。どちらも教皇冠を戴いているので、対となることは自明だろう。2 + 5 = 7となり、どちらも宗教的・精神的・学問的な宗家の当主だ。

王子は息子で1番の奇術師。息子がよその家からつれてくるお嫁さんは6番の恋人だ。1 + 6 = 7となり、若き二人は家を築く。

3と4、2と5、1と6の三組の夫婦を挙げたが、それぞれの合計は7だ。サイコロは向き合った面の目の数の和が7になる。サイコロの目に、1番から6番までの三代の夫婦が収まる。

また以上三組の夫婦をこの戦車に当てはめると、二頭の馬は両親、戦士は息子、肩当ては祖父母、それら家族が住んでいる家が、戦車と考えられる。

お嫁さんは家の外から迎えるものなので（お婿さんを迎える場合もあるが）、この

図10

3＋4＝7　　　　　2＋5＝7　　　　　1＋6＝7

母－父　　　　　祖母－祖父　　　　息子－嫁

戦車が進む先の未来にいるはずだ。この絵を見る者がお嫁さんで、戦車は迎えにくる白馬の王子様。あるいは戦争から妻（王妃）の元に戻って来た夫（王）と

見ることもできる。

　これは戦車レースだとか凱旋パレードの戦車だとかいうよりも、家族という戦う王国を表現した偶像であり、神輿のようなものではあるまいか。

　戦車に乗っている王は手綱を持たず、進路は馬が決めている。それは子供をどこにつれていくかは、実際には両親が決めるということを暗示しているのかもしれない。6番（恋人）が貴族の結婚だとしたら、親の思惑で結婚相手が決められる政略結婚というのもありそうな話だ。

　教皇のところで話したが、子供は親の信者にさせられるので、結婚に親が口を出すか出さないかはともかく、親から受けた教育・洗脳・刷り込みに対して子供が無自覚なうちは、親の精神的支配から抜け出せないものだ。気がつくと親と同じような伴侶を選び、親の人生をトレースしていたりする。知らない土地で独り暮らしを始めると、親の教育＝洗脳が少しずつ解け始める。戦車を親が担いでいる神輿だとすると、子供は一度その神輿から飛び降りないと、自分の人生を歩めないのかもしれない。

●二頭立て馬車と魂の三部分説

　人間は古来から馬車（駆者・馬・車体）によって象徴されてきた。紀元前350年から300年頃に成立したとされる『カタ・ウパニシャッド[3]』の中にその記述がある。

　肉体は物質で作られた機械と見なせる。これは馬車の車体にあたる。また人間は五感で感じとる動物的な面ももっている。機械は痛みを感じない。もちろん怒りを感じたりもしない。痛みを感じる感覚機能や喜怒哀楽を感じる感情機能が馬にあたる。馬だって怒ったり喜んだりするものだ。さらに人間は言葉・数・象徴・物語を理解する高度な思考力や、目標を決めて前進する意志力ももっている。これが馬車に乗る駆者だ。

　古代ギリシアの哲学者プラトンも、魂の働き（心の働き）を二頭の馬を操る駆者に喩えている[4]。これは「魂の三部分説」と呼ばれる。

　魂の三部分説と前述の馬車のたとえは、切り口がまったく違う、別の考え方

3　湯田豊　『ウパニシャッド　翻訳および解説』　大東出版社　2000年　p455
4　プラトン　『パイドロス』　藤沢令夫／訳　岩波文庫　2005年　246A-B

であることを念頭においてほしい。つまり同じ図像でも、まったく別の解釈が可能というよい見本だ。しかしどちらも人間存在を象徴しているという点だけは変わらない。

プラトンの著作『パイドロス』によると、右の馬はよい馬で、分別と慎みの心を持ち、つねに最善をめざし、素直に馭者の言うことを聞く。左の馬は悪い馬で、欲望のままに行動し、鞭で叩いても簡単には言うことをきかない。心の中では二頭の馬が互いに協調したり、相争ったりしている。これは頭の中に天使ちゃんと悪魔ちゃんが棲んでいて、両者の声に本人が葛藤するような話だ。分別の馬が勝ったときは、人は節制した者となり、欲望の馬が勝ったときには、人は放縦した者となる。

性格が反対の二頭の馬を一緒に操るという難しい仕事が馭者には課されている。しかし分別でも欲望でもない馭者は、何者なのだろう。『パイドロス』では、馭者についての説明がわかりにくい。

しかしプラトンは、魂の三部分説を他の著作『国家』でも展開していて、その中にヒントがある。それによるとプラトンは魂の働きを〈欲望〉〈理性〉〈気概〉に分けている。

〈欲望〉とは"不足を感じてこれを満たそうと強く望むこと。また、その心。"だ。おなかがすいたのでごはんが食べたいというのは〈欲望〉の働きだ。

〈理性〉とは"道理によって物事を判断する心の働き。論理的、概念的に思考する能力。"で、後天的に養われる「分別の心」でもある。食べ過ぎると太ってしまうからここは腹八分で止めておこうと、過食を慎むのは〈理性〉の働きだ。

ところでプラトンは理性を理知とも呼んでおり、理知とは"理性と知恵。また、本能や感情に支配されず、物事を論理的に考え判断する能力"としている。理性と理知の意味はよく似ている。

〈気概〉とは"困難にくじけない強い意志・気性。"で、〈気概＝意志〉と考えるとよいだろう。ダイエットしてスリムな体になろうと意を決するのは〈気概〉の働きだ。これがなければ〈理性〉には腹八分を守る理由がない。ところでプ

---

5 "欲望""理性""理知""気概"を参照。　goo国語事典　https://dictionary.goo.ne.jp/jn/

ラトンは〈気概〉を憤慨するものとも言い、怒る働きでもあるという。これはすぐには意味が分からないだろうが、それは次のような理屈による。

腹八分の食事の後、ウエイトレスに「お茶に加えオプションで当店自慢のおいしいデザートをおつけできます。いかがなさいますか？」と尋ねられたとしよう。〈理性〉は分別をわきまえており、ここでデザートを慎んだほうがよいことを知っている。しかし〈欲望〉の馬はデザートが食べたくてしかたがない。

"欲望が理知に反して人を強制するとき、その人は自分自身を罵り、自分の内にあって強制しているもの〔である欲望〕に対して憤慨"する、とプラトンは言う。

「バカバカあたし！　ここでデザートまで食べていたらデブのままでしょ！我慢しなさいよ！」と〈欲望〉に対して怒るのは（叱りつけるのは）、ダイエットを志した〈気概〉の働きだ。〈理性〉は食べたらいけないことをよく承知しているが、怒るのは〈理性〉ではない。

ここで〈理性〉が、「お茶だけでいいです」と言えば、節制した者となるのだが、〈欲望〉が〈気概〉の制止を振り切って、「デザートもお願いします」と言って放縦した者になるのもよくあることだ。〈欲望〉の馬は、簡単には言うことをきかない。

〈気概〉〈欲望〉〈理性〉を、二頭の馬と馭者に当てはめると、〈欲望〉は左の悪い馬、〈理性〉は右のよい馬、馭者が〈気概〉だと筆者は思う。馬を叱るのは馭者の担当だ。

6　プラトン　『国家（上）』　藤沢令夫／訳　第7刷　岩波文庫　1984年　440B　〔　〕内は筆者が追加。

7　『パイドロス』の訳者注・五八13において、故・藤沢令夫は、よい馬が激情的部分（気概）、悪い馬が欲望的部分（欲望）、馭者が知的部分（理性）であるのは言うまでもないことだ、と述べているが、筆者はよい馬が〈理性〉、馭者が〈気概〉と解釈した。
　　馭者が望んだ正常なコースを馬車が進行しているときはよい馬が優勢だが、悪い馬がなにかに気を取られると馬車はコースを逸脱したり進まなくなる。それを叱りつけるのは馭者の仕事だろう。
　　勉強のために本を読んでいるとき、つまらなくてゲームに手を伸ばしたくなったとしよう。これは〈欲望〉の馬の働きだが〈気概〉がそれを叱責する。本を読んで理解するのは〈理性〉の働きだ。〈気概〉が〈理性〉の馬に本を読めと命じると従順に従うが、やがて〈欲望〉の馬がそれを邪魔しはじめる。〈気概〉はそれを叱責する。しかし〈欲望〉の馬を叱責しているだけでは魂の馬車はやがて立ちゆかなくなるだろう。

VII　戦車

プラトンの二頭の馬と馭者のたとえも、〈欲望〉の馬を律し、〈理性〉の馬を養い、己の魂を正しく操縦できるようになることを理想としている。

VIII　正義

◉権力の座についた者

裁判は平和を回復するために行われる。7番（戦車）では戦って自分の領地を広げたが、8番では戦いが終わり、国境線が確定し、平和が戻ってくる。

「タロット人生劇場」では、このカードは人生の第五幕の「裁判官殿」で、年齢は中年からそれ以降、ライフサイクルで言えば収穫の秋であり、会社等の組織のトップや重役、裕福な商売人や銀行家、領主といった人物像を象徴する。

その務める役どころは、富の分配をしたり、人事を裁量したりと、人と人の間に立って皆の言い分を聞いてバランス点を探り、決定を下すことだ。どんな文化圏の社会でも、たとえば森の中で原始的な生活をする集団の中にも、そういう役割を担う者がいるはずだし、それは若者（6番7番）でも老人（9番）でもない、たいていは中年期くらいの人物だろう。

自分なりの王国を築き、権力の座についたわけだが、舵取りを間違えればすぐに追い落とされる危うさがなくなったわけではない。裁判は戦争ではないが、争いごとであるには違いなく、7番から8番への移行は戦いの形が変化しただけとも言える。

◉正義の女神は売春婦

欧米の裁判所には、目隠しをして剣と天秤を持っている正義の女神像が飾られている。これはローマ神話の女神ユースティティア（Jūstitia）（ギリシア神話では女神テミス）の像で、レディ・ジャスティス（Lady Justice）とも呼ばれ、正義の概念を擬人化したものだ（図11）。

『悪魔の用語辞典』によると、日本語の正義と英語のジャスティス（正義）は意味がずいぶんと違うという。

"日本語の「正義」とは、「正しいこと」「道理に適っていること」という意味である。しかし、オックスフォード英語辞典の定義によれば、ジャスティスとは、〔略〕①人に対する公平な取り扱い、あるいは、②公平あるいは合理的であろうとすること、である。

ここでは、ある行いが「正しい」かどうかではなくて、「公平」（fair、フェア）であるかどうかが問題となっている。

〔略〕③「罪を犯したひとを罰するために適用される法体系」あるいは、④法廷の裁判官、という意味もある。"

だから正義の女神像は公平を量るための天秤を持っているわけだ。実際の裁判では、被告側が一方的に悪い

図11

正義の女神像
https://en.wikipedia.org/wiki/Lady_Justice#/media/File:Berner_Iustitia.jpg
Lady Justice with sword, scales and blindfold on the Gerechtigkeitsbrunnen in Berne, Switzerland—1543

ということは少ない。天秤は、正邪や罪の重さを量って、両者の言い分の調停点を探し折り合いをつけることや、差し押さえた富を公平に分配すること、そういうジャスティスを象徴している。

正義の女神が持っている剣は力を象徴する。これは国家権力であり、悪を懲らしめる力であり、強制執行で財産を差し押さえたり、罪人を刑務所に閉じ込めたり、首をはねたりする力だ。

「剣なき秤は無力、秤なき剣は暴力」と言われるが、正義の女神像はこの二つのアイテムを必ず持っているものだ。

1　副島隆彦　『悪魔の用語辞典』　KKベストセラーズ　2009年

正義の女神が目隠しをしているのは、「原告被告の外見に惑わされることのないように」などと説明されたりするが、**目隠しをしていては、天秤の傾きを知ることができないではないか。**だから彼女は真実を見ようとするのではなく、強い者の主張に耳を貸し、弱者の嘆きに目もくれない堕女神様という解釈もできる。

　法律は弱者の味方ではなく、それを知っている者の味方なのだ。さらにいうと法廷はお金の戦いだ。法律を熟知し弁の立つ強い弁護士を雇えば、黒も白に変えられるかもしれない。"正義の女神は実は娼婦であり、闘いの結果が明らかになった段階で勝者の胸に抱かれる"[2]とまで言われる。しかしこれは目隠しをした正義の女神像の話だ。マルセイユ版の正義の人物は目隠しをしていない。

　ここで目隠しの有無による違いについて説明する前に、人物の背後にある幕で閉ざされた二本の柱の説明を先にしたい。これはタロットの正義の図像ではよく描かれているが、左右に柱が配置された正義の女神の銅像[3]に出くわすことはまずないだろう。

●閉ざされた神殿の門

　二本の柱は教皇（5番）の背後にあった柱と同じ意味だと思われる。剣を持った右手側の柱は峻厳の柱、左手側は慈悲の柱で、二柱は神殿の門（天の国への門）を成している。教皇は人を天の国に招き入れる鍵を持っているとされるから、教皇の背後にある門に幕はなく、開放されている。しかし8番においてその門は、幕によって閉ざされている。これにはどういう意味があるのだろうか。

　"ジャスティスとは、より大きな枠組みで捉えれば、まず「神（ゴッド）に関わらないこと、および学問的真理（サイエンティフィック・ファクト）に関わらないことであり、その上で、この俗世、すなわち、一般社会において、争いが起きた場合、こちらが正しい、こちらに非がある、と判定を下すこと」なのである。"[4]

　だから5番（教皇）が象徴している内面の信仰心の問題や、ダーウィンの進化論は正しいか間違いかといった学問論争の裁判は行われない。

2　長尾龍一　『法哲学批判』　信山社　1999年
3　銅に限らず材質はなんであれ立体像という意味。
4　『悪魔の用語辞典』

8番の絵で神殿の門が閉ざされているのは、裁判が俗世の問題にしか適用されないことを表しているのではなかろうか。一方、正義の女神像には二柱がないが、かつての時代は教会が何でもかんでも宗教教義に照らして裁いていた（イスラム教圏では今でもそういう国がある）。幕で閉ざされた二柱の門がある正義の図像は、宗教から独立した法体系が確立した、比較的近代的な社会であることを暗示しているのだろう。

『The Encyclopedia of Tarot』で見た限りでは、古い時代の正義の図像には柱がなく正義の女神像とほぼ同じだが、さらに翼がついていることがある。たとえばノブレ版の正義の図像には柱がなく、そのかわり裁判官の背に翼のようなものが描かれている。

翼のある正義の図像は、目隠しもしておらず、全知の神とつながっている天使や女神そのものということになるだろう。まさに神の目による絶対的な裁きとして、何もかもが宗教教義に照らして断罪された、ある意味恐ろしい、古い社会の裁判を象徴した図像といえる。

だが、やがてマルセイユ版のように、神殿の門が閉じられた正義の図像が登場してくる。これは「正義の女神」ではなく、「正義の人間」だ。自分たちのみを絶対正義として断罪するのではなく、同じ人間として、互いの妥協点や落とし所を探る立ち位置になっている。タロットは時代とともにアップデートされていくものだ。

●柱の高さがちがう訳

ではこの目隠しをしていない正義の人物は、真実を見る目を持っているのだろうか。二本の柱の下を見てほしい。秤を持つ左手側の柱の土台が高く盛り上がっていて、柱の長さが左右で違う。秤の側の柱は短く、剣の側の柱は長い。柱は世界を支える背骨や世界軸を象徴するので、裁判の判定基準となる法体系を暗示する。裁判は法律に従って判決が下されるが、その法律は必ずしも公平にできてはいないかもしれない。裁判官が持っている天秤は水平を指していて

5　Stuart R. Kaplan　『The Encyclopedia of Tarot』　Volume 3, US Games Systems, 1990
　　古今東西の代表的なタロットの図版を多数収録している「タロット百科事典」。

一見公平な裁きを下すように見えるが、背後には不公平なルールが用意されているという、たちの悪さが見え隠れしている。慈悲の柱が短いのは、比較的厳しい判決が出やすくなっているということかもしれない。

7番では戦争があった。8番で裁かれるのは負けた側であり、そのときは勝者の価値観とルールで裁かれるものではなかろうか。東京裁判がそうであったように。勝った側の統治上の都合に合わせて、ルールは調整される。法は統治の道具だ。

正義の女神像よりマルセイユ版の正義の図像のほうが情報量も多く、より深くジャスティスの本質を象徴しているように筆者は思う。

●真正面を見ているキャラクター

マルセイユ版の裁判官（8番）は真正面を見ている。マルセイユ版の世界観では、正面を見ているキャラクターには公平や中立という意味が込められているようだ。大アルカナの中で正面を見ているキャラクターを探してみよう（図12）。

たとえば15番の大悪魔は正面を見ている。教皇（5番）は異教徒を悪魔の手先として差別するが、悪魔は人間をひとしく誘惑する。つり目の怖い顔をしていて、その話に乗れば破滅が待っているとしても、その点では悪魔は公平だ。

太陽（19番）も正面顔だ。太陽は善人も悪人もひとしく照らす。

最後の審判（20番）は神が裁くとされているので、おそらく公平だろう（神が出てくると否が応でも公平と認めるしか選択肢がない）。それに審判役というのは中立で公平であることが前提だ。

10番（運命の輪）の頂上にいる怪物も正面を見ている。王冠を戴き剣を持っているので8番と似ているが、「秤無き剣は暴力」だから、運命を操る者とは、あるいは運命とは、否応なく受け入れさせられるという意味で、暴力的なものなのかもしれない。この輪に運命の女神様はいない。しかし、運命の輪がどのように動くのか未来は誰にも見えないという意味においては、運命は公平だ。賢王ソロモンが書いたとされる『伝道の書』にはこうある。

"知者の目は、その頭にある。しかし愚者は暗やみを歩む。けれどもわたしはなお同一の運命が彼らのすべてに臨むことを知っている。わたしは心に言っ

図12

た、「愚者に臨む事はわたしにも臨むのだ。それでどうしてわたしは賢いことがあろう」"

　12番の吊られた男は、左右の木にノータッチ。枝も切り払われ、この男は環境からほとんど切り離されている。なにもせずブラブラしていて右にも左にもどちらにも偏らない姿勢は、消極的ではあるが公平な姿勢だ。

6　『伝道の書（2: 14-15）』　旧約聖書　口語訳

21番のライオンは百獣の王なので太陽のシンボルということになり、太陽は前述の通り公平さを表す。しかし21番の図像からライオンだけをとりあげて、この絵が公平性を暗示しているとは言えない。そんなわけで21番はちょっと例外だ。

●4の倍数は王

　古代の王国では王は裁判官でもあった。皇帝（4番）は定規という測る道具を持っている。8番の正義も天秤という量る道具を持っている。また、頭に帽子のようなものをかぶっているが、帽子には王冠が隠れていてトゲトゲしたその先端がのぞいている。

　正義の女神像が王冠を戴いていることはあまり多くはないが、タロットの正義の図像は、たいてい王冠を戴いている。4番も王、8番も王（あるいは女王）だ。また帽子についている二重丸「◎」のシンボルは、おそらく太陽（=王）を意味している。

　4、8、ときたら次は12、16、20と続く数列が思い浮かぶだろう（**図13**）。12番の吊られた男にキリストの磔刑を重ねて見る人は多い。彼が架けられた十字架の上にはイエスの罪状書きが掲げられていて、こう書かれていた。"ユダヤ人の王、ナザレのイエス[7]"。そんなわけで12番も王だ。

図13

---

[7] 『ヨハネによる福音書（19: 19）』　新約聖書　口語訳

16番（神の家）はお城や城塞で王の住まう場所。または牢城や監獄塔でもあって、王の逆鱗に触れた者を閉じ込める場所だ。この塔のてっぺんには王冠がついている。

20番は神の王国の審判者だから8番（正義）の上位版だ。

まとめると国には王（権力者・支配者等）がいて、王が定めた法律（4番）があり、法律があるからこそ、法によって人を裁く裁判所（8番）があり、法を破った罪人（12番）がいて、それを閉じ込めるための刑務所（16番）がある。国には必ず刑務所があるものだ。最後の20番は罪人への恩赦や放免、あるいは地獄行きかもしれない。閉じ込められていた牢獄（墓）が開かれ、罪人たちが外に出てくるのだ。

VIIII 隠者

◉隠者の語源

8番（正義）で自分が築いた王国の維持者となった者も、やがては引退の時を迎え隠者の段階に移行する。この絵は修道士の服を着た老人だが、タイトルは修道士ではなく隠者だ。隠者の語源は「砂漠」「人里離れた」「砂漠に住むもの」といった言葉にあるらしい[1]。

コウビルド英語辞典によると、隠者（hermit）は"人々や社会から離れ独り住まいしている人"、修道士（monk）は"通常、外界から隔離されている男性の宗教的コミュニティのメンバー"とある。

修道士は宗教秩序に属している僧侶であり、修道院で共同生活を営んでいる。隠者のような独り住まいではないのだが、普通は独り部屋にこもって祈りの生活を送っているらしい。つまり隠者は必ずしも僧侶ではなく、世捨て人や孤独な老人なども含んだ呼び名のようだ。

---

1 "Hermit" Wikipedia英語版 （2018年2月4日閲覧）

●魔法使いの側面

　この隠者は、キリスト教の修道士であると明確に示すアイテムは身につけていない。だから特定の宗教上のキャラクターにとらわれることなく、老魔法使いや仙人、武術の達人などとも解釈できる。

　隠者は黒い（青い）外套をまとっているが、その下にフードのついた赤のローブを着ている。消えたように見える炭火にも内部には火が残っているように、まだ内面に熱いものを宿しているということかもしれない。杖を持っているが、その杖で自分の体を支えているわけではないようだ。『スター・ウォーズ』のオビ・ワン・ケノービやヨーダのように、歳はとっていても、むちゃくちゃ強い人物なのかもしれない。

　しかし隠者は、8番（正義）の権力闘争で負けてしまった者や、老いや怪我や病気などから弱者となって社会の隅に追いやられた人々も、象徴している。

　このように最強だったり最弱だったりと両義性がある点は、1番（奇術師）と共通している。人は相当に老いると子供還りを起こしたりする。9はもっとも老いた数、1はもっとも若い数、9の次は10となり一周回って再び1に戻る。だから9と1は隣り合わせで似た面もある。

　隠者は奇術師同様に杖を持っていて魔法を使う。世界最初の修道士アントニウスも、空海もモーセもヨーダも漫画『ドラゴンボール』[2]の亀仙人も杖を持った姿で描かれる。

　杖には「導き」「男根」「生み出す力」といった象意がある。典型的な隠者キャラクターたちは、だいたい老人なので杖を持っていて、人々（特に若者）を導く役割を果たしたり、人々の病気を治したり水を湧き出させたりと、魔法使いのような働きもする。

●周縁の番人

　魔女や魔法使い、占い師、祈禱師、呪術師、シャーマンといった、隠者のよ

2　鳥山明　『ドラゴンボール』　集英社　1984–1995年　（ジャンプコミックス）

うなキャラクターは、集団とは交わろうとせず、村はずれに住んでいるものだ。それでいて村の若い衆は、恋占いや惚れ薬や堕胎薬などを求めてわざわざ通ってくる。村の実力者たちも、大きな声では言えないことを相談しに来たりちょっと面倒な仕事を頼みに来たりする。居てくれないと困るのだが、目立つところには居てほしくないポジションの人物だ。ときには村の繁栄や生き残りのための捨て駒にされたりもするだろう。

しかし隠者は社会と切り離されているわけではなく、社会の隅のほうに居場所は用意されている。人里離れた山奥で苦行するアントニウスの元にも病気治癒の奇跡を求めた人々がはるばるやってきていた。11番（力）のようにライオンの餌にされたり見世物にされたり、12番（吊し人）のように処刑されたりするわけではない。

十進数の世界の中で9は最大の数であり、世界の果てだ。最も高く最も深い場所だ。その先には未知の闇が広がっている。だれもこの隠者以上の知識は持たない。彼は未知の闇に相対し、闇を叡智のランプで照らしてその向こうを探ろうとしている。隠者は科学者や哲学者、広義には研究者と解釈することもできる。

だから象徴的に言えば、隠者は国や村の境界で寝ずの番をし、柵の向こうによそ者やオオカミなどが現れたら警鐘を鳴らす役割でもある。SF映画ではよく、人類に危機をもたらす災害や謎の病原体について警告する科学者が登場するが、そんなイメージに近い。その科学者はたいてい、異端の学説を提唱して学会から黙殺されている孤高の天才だったりするのもお約束だ。

9番と対になる18番（月）には犬がいる。どちらも夜の見張り番だ。

● 誰と会っているのか

隠者は右手にランタンらしきものを持っている。夜道を歩いているらしい。しかし夜道を歩くとき、ランタンを顔の前にかかげて歩いたりはしないはずだ。そんなことをすればまぶしくて夜目が利かなくなってしまう。夜道でランタンを顔の位置に持ってくるのは、どんなときだろうか。誰かと向き合っているか、立て看板などに書かれた文字でも読もうとしているときだろう。

隠者はフードつきの服を着ているが、立て看板を読むだけならフードをはず

す必要はないだろう。そう、彼は立ち止まって人と会っているのだ。街灯もない真っ暗な夜道で見知らぬ人と会うことはお互いにちょっと怖いことではなかろうか。フードをはずすのは相手に不安を感じさせないための配慮かもしれない。あるいは素顔をさらしても問題ない相手だと識別できたのかもしれない。

隠者が誰と会っているのか、もう少し想像してみよう。

タロット人生劇場ではスリッパはいた間抜け爺にあたる隠者だが、その未来に待っているのは10番の運命の輪。この先に訪れる死の運命を凝視しているのだろうか。それは輪廻転生への希望かもしれないし、地獄にいる悪魔や鬼たちかもしれない。

隠者が会っているのは15番の悪魔というのはどうだろう。魔法使いのファウスト博士が夜中にメフィストフェレスを呼び出しているような光景だ。ジェダイの老賢人ヨーダに対立するシスの暗黒卿は、悪魔のような姿に描かれていた。隠者の居るところに悪魔ありだ。

ただしタロットの悪魔なのだから、あくまでも象徴として考えよう。15番は第6グループだ。9番と6番は象徴的にも反転構造があった。つまりこの隠者は、心理的な反転鏡と向き合っている。自分の人格とは正反対の闇の人格と対峙しているのだ。恐ろしい相手や誘惑してくる相手なのだろう。それは追いはぎや盗賊かもしれないし、ポン引きの男かもしれない。「旦那、いい娘がいますよ」とか。禁欲的な修道士にとっては悪魔の誘惑だ。

●シノペのディオゲネス

隠者がランタンをかざしていても、描かれているのは夜とは限らない。

古代ギリシアの哲学者ディオゲネスは、無為自然と自足を尊んだキュニコス派の思想を体現して、大樽を住処に乞食同然の生活をしていた。

彼は「犬のディオゲネス」と自称し、「おおい、人間どもよ!」と街で呼びかけて人々が集まってきたら「わしは人間を呼んだのだ、がらくたはお呼びじゃない」と追い散らした。また、白昼にランタンに火をともして街を歩き回り「わしは人間を探している」と言ったともいう。ディオゲネスを描いた絵や影像では、しばしば手に杖とランタンを持っている。

ディオゲネスはもともとシノペの人で、通貨変造に関与したとして国外追放されたという。アテナイでの彼は、国を追われ家もない貧しいクセノス（客人、よそ者）だった。だがそこを逆手にとって、街をうろつく野良犬のように、人々の愚かさや空虚さに嚙み付き、自然の欲求のまま公の場で飲み食いや自慰をして人々の偽善や虚栄を皮肉ってみせた。隠者の生き方も楽じゃない。

　ちなみに、「世の中で最も素晴らしいものは何か」と問われたディオゲネスは、「パルレシア（παρρησία）だ」と答えたという。どんな権威や権力にも屈することなく、つまり嘲笑や脅迫や殺害の危険さえ乗り越えて、率直かつ自由に真実を語ること、という意味だ。[3]

●鐘を鳴らすと皆が道をあける

　ここまで隠者が手に持っているのはランタンとしたが、絵をよく見てみよう。ランタンは普通、ぶら下げて持つようにできているし、それにより器具の水平が保たれて、炎が安定して燃える。炎で焼かれているランタンの傘は熱い。なのに、ハンドベルでも持っているかのようだ。こんな持ち方では火傷しそうだし、長く携行すると手もすぐに疲れてしまうだろう。

　だからこれはランタンではなく、鐘や鈴のような音を出す道具かもしれない。前述の聖アントニウスも絵画の中で鈴を持っていて、"悪魔や悪霊を駆逐する神の力を表す"とされる。[4] また禅宗の托鉢僧が鈴を鳴らしながら歩くのを見たことがある人もいるだろう。

　ところで先に述べたように、隠者は聖人だけではなく、社会の隅に追いやられ、虐げられた人々も象徴する。

　中世ヨーロッパでは、ハンセン病にかかった人々はひどい差別に遭った。財産を没収され、結婚を解消され、隔離施設に収容された。さらに"人中を歩く場合には音が出る鈴や拍子木を携える義務が課せられた"[5]という。ハンセン病

3　山川偉也　『哲学者ディオゲネス──世界市民の原像──』　講談社学術文庫　2008年
4　"アントニウス"『キリスト教美術図典』　p210
5　鈴木晃仁　"医学史とはどんな学問か──第2章　中世ヨーロッパにおける医学・疾病・身体"　けいそう ビブリオフィル　http://keisobiblio.com/2016/03/16/suzuki02/5/ （2018年1月18日閲覧）

VIIII　隠者

は伝染病なので、鐘の音がすると周囲の人々は音の主から遠ざかり道をあけたのだろう。修道僧とはまるで異なる理由だが、世間の人々からは隔離されて暮らさざるを得ない人々がいたのだ。

◉老人と少女

　隠者の姿を詳しく観察しよう。左右の袖の形が違う。それと、背中のあたりが出っ張っているようだ。全体的に、妙にずんぐりした体型をしている。せむし男のように背中が曲がっているのならバランスを取るために杖をつくはずだが、このじいさんは杖を地につけてはおらず、すらりと立っているのだ。これは背中にもう一人隠れていて、二人羽織しているのだと筆者は思っている。一方の腕は背後に隠れている人のものだ。

　大アルカナの中に、赤いローブを着ているキャラクターが何人いるか探してみよう。女教皇は赤いローブを着ている（空洞にも見えるが）。教皇は赤いマントに黒いローブ。裁判官は赤い服だがローブかどうかはっきりしない。確実なのは女教皇と隠者だけだ。隠者の背中に隠れているのは、もちろん女教皇だ。隠者の胸にある一本の縦線は、女教皇の裂け目を暗示しているのかもしれない。

　Ⅱは門であり境界であり、9は境界を見張る門番でもある。王女の処女を与えるに値するだけの英雄を見極めるお目付役だ。

　2番は少女にして老婆、9番の老人も性から離れているキャラクターだ。その点でどちらも似ている。

　老人と少女の組み合わせは、ユング心理学で言うところのアニマと老賢人の組み合わせで、物語の中にしばしば現れる。アニマは男性の無意識の中に眠っている永遠の乙女。それに対して老賢人はたくさんの知識と経験を蓄えた最終完成形の男性。

　老人は少女の若さや美しさを持つことはできないし、少女は老人の深い知識や知恵は持ち得ない。絶対に手が届かないものを互いが持つことで依存関係にある。賢者と聖女なので、物語の中で二人の関係はだいたい性の絡まない関係で描かれる。

　たとえば『アルプスの少女ハイジ』に出てくるおじいさんは人嫌いで山奥で

隠者のように暮らしていたが、そこにハイジが連れてこられて物語が始まった。

ほかにも『アメリ[6]』とレイモンとか、『ちびまる子ちゃん』と友蔵とか、『赤毛のアン[7]』とマシュウとか、少女と老人のペアが描かれる物語はたくさんある。若い娘のそばに老人を配置すると、娘の愛らしさや無垢さが際立つのだ。

『精霊の守り人』シリーズの短編集『流れ行く者』の中で、老練の武人ジグロが養女バルサに重ねて詠んだ詩が、9番と2番の関係を象徴している。

　　"「白き若木は思うさま、宙に炎を立ち上げる……。

　　我が身から、うねる炎を立ち上げる……。

　　だが、老いた薪は──背の黒い、老いた太い薪は、

　　その身に若い炎を抱きしめて、己が身で──、その身で、炎をかかえこみ、

　　腹を焦がし、身を焦がし、包んで、鎮めて、熾へと変わる……。

　　老いた薪は──背の黒い、老いた太い薪は、

　　身の底に、長く、長く、密かに熱を抱いていく……。」

　　ジグロが口をとじると、バルサはジグロを見上げた。

　　「だれの詩？」

　　ジグロは炎に目をやったまま、答えた。

　　「古い、カンバルの詩だ。だれが詠ったのやら、だれも知らん。……年老いた武人たちが、よく口ずさんでいた。」

　　バルサが、ふーん、と鼻を鳴らすと、ジグロはかすかに苦笑を浮かべて、かたわらに寄り添っている娘を見おろした。

　　秋の夜、背はしんしんと冷えてきても、火にあたっている頬や足はあたたかく、ジグロの隣にすわっているだけで、バルサは満ち足りていた。"

これが同じく男女ペアでも夫婦や恋人の間柄ならば、生殖によって子供を生み出すだろう。だが性の介在しない老人と少女との関係では、事情が異なる。また大概は性や世代を超えた普遍的な価値観によって結びつく。血縁や養子の

6　『アメリ』　2001年公開　ジャン＝ピエール・ジュネ／監督　フランス

7　上橋菜穂子　『流れ行く者　守り人短編集』　偕成社　2008年

関係以外だと、たとえば同じ学派や流派に属する師弟、感性や価値観の通じ合う同志といった関係もあるだろう。

これが1番と9番（少年と老賢者）だと、若い奇術師が反発したり老賢者がそれを戒めたりする局面もあるが、1番と2番（少女と老賢者）の場合は激しく対立するケースはまずない。争いようがないほど共通項が少ないためかもしれない。

◉川端康成の『眠れる美女』

老人と少女のペアが出てくる話の中でも、川端康成の小説『眠れる美女』[8]はかなり異色作だろう。もう男ではなくなった老人たちが、秘密の娼家で前後不覚に眠らされた全裸の処女と添い寝して一夜を過ごすという設定だ。

主人公の老人は実はまだ男性機能も保っているが、その胸中は老人扱いへの反発や悲哀、老いのみにくさへの恐怖や嫌悪に揺れている。

昏々と眠る裸の娘は、若く美しく生命力に満ち、名前や着物などの属人性を剥ぎ取られたゆえに、巫女や斎宮のような聖性や禁忌の影が漂う。そんなこの世のものならぬ娘たちとの添い寝は死体愛好に通じるおぞましさや背徳感とも表裏一体だ。

宿を訪れるごとに違う娘たちと添い寝しながら、主人公の想いは、母親の若き日の面影、妻や娘たちや昔の恋人、折々の情事の相手など、人生で出会った様々な女たちへの走馬灯のような追憶と、死と衰亡の色濃い思索にさまよう。やがて老人は、睡眠薬を飲んで、裸の娘とともにずっと眠り続けることを夢想するようになる。眠れる美女に導かれ、擬似的な死の世界、一種の「冥界くだり」に迷い込んでいくのだ。そこはもう、8番（裁判官）が示す世俗のモラルやルールを超えた「魔界」だ。

老人の魔界の旅は、同衾していた娘のあっけない死で幕切れとなる。それは遠からず来るだろう人生の旅の終わりの予告でもあるのだ。

川端康成は、一休宗純の書"仏界易入　魔界難入"（仏界入りやすく魔界入りがたし）をきっかけに「魔界」のモチーフに惹かれていたという。人の煩悩や業の深みに分け入っていく以上、世俗のモラルや予定調和を超え、隠者が「魔界」と

8　川端康成　『眠れる美女』　新潮文庫　1967年

関わってしまうのは必然なのだろう。

●女の性感は男の十倍と言った預言者

　性を超越するという意味では、ギリシア神話に登場するテイレイシアスは、人と神、男と女、盲目と視力、現在と未来、この世と冥界のはざまにいる複雑で曖昧な存在とみなされる老人だ。境界に佇む隠者にふさわしい人物像だろう。

　テイレイシアスは、ある日、山の中で二匹の蛇がからまりあって交尾しているのを見つけた。それにちょっかいを出し杖でつついたら、彼は若い女性の体になってしまった。そのまま女性として暮らして九年目、再び交尾中の蛇を見つけ、性懲りもなく杖でつつくと彼女は男性の体に戻った。

　そこで、「男と女のどちらが愛からもっとも快楽を得るか」を論争していた神々の王ゼウスと妃のヘラに意見を訊かれ、テイレイシアスは「女の性感は男の十倍」だと答えた。ヘラは怒って彼を盲にし、ゼウスはその代償に彼に予言の力と長寿を与えた。彼はテーバイの予言者となり、ヘラクレス、オイディプス、オデュッセウスなど有名な英雄たちに予言と忠告を与えたとされる。隠者が「導く力」を発揮したことで、次世代の若者たちも困難を乗り越えて栄光をつかめたのだ。それは社会における人間の「最後の仕事」ともいえるだろう。

X　運命の輪

●悪魔の車輪

　輪の上にいる三匹の生き物は、すべて実在しない生き物だ。悪魔やゴブリンや妖怪の類に見えるが、名前を特定できる特徴を有していない。奇術師（1番）の魔法の仕組みが理解できないように、対となる10番でも理解不能な生き物が登場する。この生き物たちは何にも似ておらず、ユニークな存在だが、便宜上、悪魔と呼ぶことにしよう。

　この車輪は中世ヨーロッパの車裂きの刑に使われたものと似ている。しかし、

9　"Tiresias"　Wikipedia英語版　（2017年12月2日閲覧）

凄惨さはまったくなく、輪にしがみついている悪魔たちも遊んでいるように見える。

　輪のてっぺんに鎮座している剣を持ち王冠を戴いた悪魔は、おそらく車輪の回転運動の影響は受けず、左右の二匹だけが輪の上で上がったり下がったりするのだろう。

●遊園地は回りものばかり

　この車輪はこれといった機能を有していない。風車や水車なら回転力で小麦粉を挽けるようになっているし、処刑や拷問用の車なら車輪の下に針や火や水があるものだ。この車輪には実用性がなく、ただ回るだけの遊具のようだ。公園に設置されていたら子供たちが喜んで遊ぶに違いない。

　10番は1番（奇術師）と強い関連性がある。奇術師は娯楽や賭事を意味したが、運命の輪の妖怪たちも遊んでいるようだ。遊園地にある乗り物を思い出してほしい。観覧車とか、ティーカップとか、メリーゴーランドとか、回転ブランコとかほとんどが回りものでできている。お化け屋敷は回ったりしないぞ、というツッコミが入りそうだが、これも出口と入口は同じで、一周回って出てくる仕組みになっているものだ。ジェットコースターも一周して戻ってくる。

　賭事も回転運動で勝負を決めるものが多いのではなかろうか。ジャンボ宝くじやナンバーズの抽せん会は、数字が書かれた円盤が回転し、それに放たれた矢によって当せん番号が決まる。競馬や競輪等のレース賭博もトラックを周回して着順を競う。あそびと回転運動は縁が深いのだ。

　商店街の抽選会などで使われている赤玉抽せん機を思い出そう（**図14**）。八角形または六角形のドラムの中に色のついた玉が多数はいっている。ドラム

図14

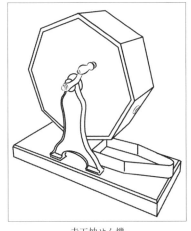

赤玉抽せん機

は柱に取りつけられ、ハンドルがついている。ハンドルを回すとドラムが回り、色のついた玉が一つ出てくる。玉の色によって当せん等級が決まる仕組みだ。商店街の抽選会もあそびのようなものだ。運命の輪にぴったりの道具ではなかろうか。

◉後生車が逆に廻ると地獄に落ちる

　東北地方の風習で、死産児や不慮の事故で死亡した子供の供養として建てられる後生車という塔婆がある（**図15**）。
　一本の柱に車輪が取りつけられていて、南無阿弥陀仏を唱えながら、死者の

図15

岬に立つ後生車。青森県東通村。　　　　　小石をさげた菩提車。宮城県金成町。

「葬式（あの世への民俗学）」須藤功／著　青弓社1996　電子書籍版より写真を引用。
亡き人に思いをはせる心根　P133

X　運命の輪

119

来世の幸福を願って供養する。つまりこの車輪は輪廻転生を象徴するものだ。廻願車、地蔵車、車地蔵、菩提車などとも呼ばれる。

後生車に竹籠がぶらさげられていて、道行く人がそれに石を入れて供養とすることもある。子供のうちに亡くなった霊は、賽の河原で石積みの苦行をしていることになっているので、その手助けをしてあげるのだという[1]。

ここで運命の輪の絵を改めて見てほしい。**車輪を支えている柱は一本しかない。**10が柱（1）と輪（0）でできているからだろうか（笑）。

なぜ運命の輪が後生車なのかというと、「タロット人生劇場」でスリッパはいたまぬけ爺（9番）のその先は、後生車に象徴される供養塔（お墓）になるからだ。後生車は子供の供養塔で、隠者は老人ではないかというツッコミもあるかもしれないが、歳を取るとヒトは子供に還るということだ。

運命の輪は使途不明品だし、そこにまとわりついている生き物が何者なのかもわからない。つまり得体が知れないオブジェクトということだが、死後のことも同様に得体が知れないものだ。死後の生の様々な想像は、この車輪に似ている。恐ろしい怪物が見えたり、ぐるぐると輪廻するように思えたり、天国や地獄といった遊園地に行くような想像になってしまう。そしていくら考えても思考は空回りして答えは出ないのではなかろうか。

太宰治が、幼い日に家の女中から「後生車を廻して止まれば極楽行き、止まりそうになってから逆廻りすれば地獄行き」と聞かされたエピソードを『思ひ出[2]』の中で書いている。

　"秋のころと記憶するが、私がひとりでお寺へ行つてその金輪のどれを廻して見ても皆言ひ合せたやうにからんからんと逆廻りした日があつたのである。私は破れかけるかんしゃくだまを抑へつつ何十回となく執拗に廻しつづけた。日が暮れかけて來たので、私は絶望してその墓地から立ち去つた"（第一章より）

筆者が後生車のことを初めて知ったのは、『地獄[3]』というホラー映画だった。

1　墓地墓石研究会／編　『墓地墓石大事典』　雄山閣　1981年
2　太宰治　『思ひ出』　太宰治全集2　筑摩書房　1998年
3　『地獄』　1979年　神代辰巳／監督　日本

ヒロインは何度やっても後生車が逆に廻ってしまう業の深い女。登場人物全員が谷底に転落して死亡。三途の川を渡り、血の池や針の山などの地獄巡りをする変なB級カルト映画で、笑いなくして見られない作品。一度みると後生車のことを忘れられなくなる。後生車が逆に廻ると地獄に落ちるというこの映画の設定は、太宰の『思ひ出』からきているのだろう。

●悪魔の車とロバの車

　中世に出版された『阿呆船』という本のなかに運命の輪とそっくりな版画が載っている（次ページ図16）。出版されたのは1494年でマルセイユ版よりずっと古い。この本には豊富な風刺画とともに様々な阿呆どもを戒めるお説教が書かれている。たとえば本をたくさん買い集めるだけで読まない阿呆、酒に溺れる阿呆、目糞鼻糞を笑う阿呆といった感じで上巻だけで六十種の阿呆どもが多数の挿絵（版画）とともに登場する。そして、これら多数の阿呆どもが船に乗り、阿呆の国ナラゴニアめざして出航する。

　阿呆の登場人物はみんなロバ耳の道化の帽子をかぶっているのが面白い。版画の多くはデューラーの手によるものであることが判明している。

　この本の車輪の絵は出世欲や名声欲で上に上にと上り詰めようとする阿呆どもを皮肉ったものだ。「クロトー」はギリシア神話の運命の三女神の一人、クロートーまたはクローソーと呼ばれる女神のことで、紡ぐ者という意味がある。運命の輪はどことなく糸紡ぎ機に似ている。

　運の車に乗っているのは、人頭のロバとロバ頭の人とロバの三体だが、これは高みに登るほどロバ（阿呆）要素が強くなり、降りるほど人要素が強くなるということだろう。ロバは西洋では、愚鈍さやまぬけさのシンボルとされる。

　ところで、ロバの車には詩が添えられていて、それが浮き世の阿呆どもの浮き沈みを表現していることを説明している。著者がこうだと書いているのだから、他の解釈をする余地はない。斬新な解釈をしたところで曲解になってしまう。

4　ブラント　『阿呆船（上）』　尾崎盛景／訳　現代思潮新社　2010年　（古典文庫）
5　『阿呆船（上）』　訳者解説より。　　p251

X 運命の輪

図16

三七　幸運のこと
わざわざ恥をかくために
高みへのぼる阿呆者。
運の車をまた上へと高のぞみ、
そのまた上へと高のぞみ、
のぼりつめればかならずや
堕落するのがあたりまえ、
どんな出世しようとも、
クロトー、車をとめぬゆえ、
あしたの運もわからない
運の車にのってる者は、
落ちて水に溺れたり、
あすの約束できないし、
けがでもせぬようご用心。
どんな財産権力も
死の一瞬止められぬ。
（後略）

『阿呆船（上）』「三七　幸運のこと」
現代思潮新社　古典文庫　S.ブラント／著　尾崎盛景／訳

　しかし運命の輪のカードにはタイトルはあっても説明はない。ロバの車よりずっと自由に解釈する余地がある。そもそも運命の輪に乗っているのはロバではない。これは妖怪や悪魔の車だ。悪魔は阿呆じゃないどころか、知恵者だっ

122　　第2章　大アルカナを読み解いてみよう

たりする。また車上の悪魔は猿のようにも見えるが、猿知恵というように猿も知恵を象徴する。そして1番（奇術師）も知恵者だ。ロバの車の三匹は地位に応じた人間の阿呆さ加減を表しているのに対して、悪魔の車の三匹は、てっぺんにいるのがボスで、輪にしがみついている二匹は格下だ。ちょうど教皇（5番）とその信者や、悪魔（15番）と二人の小悪魔と共通した上下関係のある構図になっている。

　ロバの車は阿呆三人衆の上下争いだが、悪魔の車は車輪の回転が及ばない安定したところに支配者がいて、その秩序の中で知恵者たち二人が競っている。しかし浮き沈みに翻弄されるのはロバの車と同じだ。

　ロバの車は空からクロトーがハンドルを回している。しかし悪魔の車のハンドルを回す者はいない。ボスはいても運を司る女神などいないということかもしれない。輪の上で自分たちが上をめざしてもがくから、世界が回る。神を奇術師で表現するマルセイユ版らしい。

◉居場所をなくし阿呆船に乗って

　阿呆船は実在したという話をミシェル・フーコーが『狂気の歴史』という本[6]に書いている。15世紀前半のヨーロッパの社会は、狂った人々を都市の外に追いだしたり隔離施設に閉じ込めたりすることで平穏を保っていた。また愚者のカードが象徴しているように、狂人は野良犬のように石もて追われ、あちこちを放浪することになったろう。そんな世の中で、狂人たちを船に押し込み、別の都市へ放逐していた船が実在したという。

　つまりスリッパはいたまぬけ爺（9番）は、やがてボケてしまい、地上における居場所を失って放浪（徘徊）するうち、船に乗せられてよその都市に厄介払いされる。そこでもまた捕まって、再び船に乗せられて……を繰り返す。そしてやがてはどこかで野たれ死んで、あの世に行ってしまうのだろう。

　しかし、フーコーのこの話は証拠が見つからず、作り話だとも言われる。奇術師（1番）に詐欺っぽいところがあるように、同グループである10番の「阿呆

6　ミシェル・フーコー　"第一章〈阿呆船〉"『狂気の歴史』　田村俶／訳　新潮社　1975年　p26

船が実在した」という話にも都市伝説や法螺話のような嘘臭さが漂っている。だがタロットの寓意を読み解くという目的においては、参照した物語が実話か嘘かなど、どうでもいいことだ。

運命の輪には、妖怪や悪魔や鬼、運命、お墓、天国と地獄、阿呆船、狂人、輪廻転生、旅立ちといった概念が結びついている。それらは9番の隠者が次にたどる段階を象徴的に示している。また、赤玉抽せん機で当たりが出るように、老いてからノーベル賞をもらうとか、長寿世界一で脚光を浴びるとか、死に際に栄誉にあずかるような逆転劇も暗示されている。

船の上とギャンブルは縁が深い。大航海時代、船乗りたちは暇な船の上でカード賭博に興じたことだろう。現代でも海外航路を行く豪華客船の上ではカジノが開かれたりする。そこはカジノディーラー（奇術師）の職場だ。カジノは法律による規制が厳しいものだが、どの国の領海にも属さない海域では、法の縛りも緩くなるものだ。

アニメや実写映画にもなった大ヒット漫画『賭博黙示録カイジ』[7]は、借金で首が回らなくなった人々が客船エスポワール号の会場に集められ、起死回生を狙った一晩限りの大勝負をするところから始まった。勝てば借金は帳消し、負ければ命の保証はないという。集まったのは賭博や身から出た錆で借金を抱えた自業自得の連中だったので、この船もブラントの阿呆船のようなものかもしれない。

XI 力

●女子レスラーは恋愛禁止

この絵は「力」の他に「女力士」とも呼ばれる。しかし多くのタロットを調べても、ほとんどの場合タイトルはフォース（force 力）かストレングス（strength 剛毅）のどちらかで、女力士とか女戦士といえるような呼び名は見当たらなかった。

7　福本伸行　『賭博黙示録カイジ』　講談社　1996－1999年　（ヤンマガKC）

旧約聖書に登場する怪力で長髪のサムソンという説もあるようだが、筆者には
この絵は女にしか見えないので、女力士で通すことにしよう。

　日本では江戸中期に女の相撲を見せる興業があったし、今も女子相撲が行わ
れているので、国内で誰かが女力士と命名したのだろう。しかしタロットは西
洋のものだから、この絵の女性は力士というよりはレスラーだろう。

　11番は2番（女教皇）と対となる。女教皇と女力士は似ている。戦う女性は女
教皇と同様に処女的なものだ。

　女子プロレスの興行団体の中には、女性は恋愛するとどうしても弱くなって
しまうという理由で、選手の恋愛を禁じる団体があった。1は神、2は女神だが、
恋愛が始まってしまうと神の座から転落する。恐れ知らずの一途な強さが消え
てしまうのかもしれない。レスリングに限らず、他者と戦う（競いあう）スポー
ツの界隈で恋愛の禁止や自粛はめずらしい話ではないだろう。

●二つあってこその力

　力は、対立するもう一つの力との比較によってはじめて、認識されるものに
なる。一人では相撲はとれないということだ。力を作用させる対象があっては
じめてそこに力があるとわかり、力の大きさも測ることができる。位置エネル
ギーでも電気エネルギーでも引力でもそれは同じことだ。さらに女性美や女子
力も男性や他の女性と比較して言われるものだ。11という数は1と1の二つの
存在がぶつかりあって力が顕現することを暗示している。

　2も11も二元対立を意味する数だ。女教皇は聖女や女神様や処女だが、邪悪
な者や穢らわしい者が存在しなければ、聖なる者というキャラクターが成立し
ない。アニメに出てくる魔法少女を思い出そう。みな敵と華麗に戦っている。

　神の声を聞きフランスを率いて戦ったジャンヌ・ダルクのような女性は処女
性と聖性を有しているが、敵から見れば恐ろしい魔女に他ならない。聖と邪は
表裏一体だ。11番にピッタリのキャラだ。

　2番の女教皇は実在しないキャラクターであることを思い出そう。ライオン
と戦う女性など実在しそうにはない。ジャンヌ・ダルクも政治的な演出によっ
て作られた生ける偶像だったという説もある。

女子レスリングの起源は古代ギリシアのスパルタにあるとされているが、中世のレスリングは上流階級の男性のスポーツで、女子レスラーがいたという話は聞かない。女子レスリングの復活も女子プロレスラーの登場も20世紀の話だ。

また、プロレスは善玉と悪玉の設定や抗争のストーリー込みで楽しむものだ。第2グループのカードはファンタジックなものなのだ。

◉顔ハメ看板

女力士の右腕に注目してほしい。獣の上あごをつかんでいるほうの腕だ。赤いマントがかかっている腕の上下に三角形の白い余白があるので、まるで板に開いた穴から腕が突き出しているように見える。観光地や動物園でよく見かける記念写真撮影用の顔ハメ看板のようだ。実はこの絵は、右腕と顔を出す穴が開いている看板なのだとイメージしよう。女教皇がはりぼてであったように、この女力士も絵に描いてあるだけのはりぼて（芝居の小道具）なのかもしれない。つまり、ライオンと格闘する女力士も戦闘美少女も、フィクションの舞台上にしかいないということだ。

穴から突き出す腕という描き方は、数あるマルセイユ系タロットの中でも珍しい。マルセイユ版固有の特徴かもしれない。多くの場合、穴の余白は服と同じ色で塗りつぶされていて、穴に見えないのだ。

◉赤マントの理由

女力士は赤いマントをまとっている。スーパーマンもバットマンもキン肉マンもタイガーマスクもパーマンもシャア少佐も、マントをまとっている。さらに時代を遡ると、馬に乗るナポレオンが赤いマントをまとっている肖像画がある。将軍など軍隊の上層クラスがマントをまとう。実際の戦いにおいてマントは邪魔にしかなりそうにないが、力強さのシンボルと言えるだろう。特に赤いマントは、超人性を表す記号だと筆者は思う。

ちなみに二・二六事件に参加した中橋基明は、普段から緋色の裏地のマントをまとっていることで有名だったが、その理由のひとつは「敵または味方から

血の色を気取られぬようにする、自ら敵の標的となって戦う」[1]ためだったという。なるほど、血を隠すためか。戦いに流血はつきものだ。そういう目で見ると、赤いマントの正義のヒーローたちが一気に凄惨さを帯びてくる。

●チャンピオンの帽子と王冠

　女力士がかぶっている帽子は、無限記号（∞）と解釈されることもあるようだ。ウエイト版の8番（剛毅）では女性の頭上に無限記号が描かれているが（34ページ図2）、マルセイユ版の女力士の帽子は無限記号には見えない。

　マルセイユ版は数学や西洋占星術や錬金術など専門家の記号をあえて使わずに描いていると筆者は思う。例外は教皇の手袋のマルタ十字や、小アルカナのソードのナイトに西洋占星術の太陽のシンボルがついているくらいのものだ。マルセイユ版が描こうとしていることは、たしかに西洋占星術や錬金術とも関連が認められる。しかしそれらの記号を使わずに描かれている。専門家だけが使うシンボルを多用したタロットは、その意味を知っている専門家にしか読み解けないものになってしまう。わざとそういうことをして人を囲い込みたがる連中もいるが、マルセイユ版の絵は誰にでもわかりそうなシンボルだけで描かれていて、人を選ばない。誰にでも門は開かれている。

　とはいえ女力士の帽子がどのような形なのか、絵だけでは判断が難しいが、古いイタリアのタロットに、広いつばのある帽子やターバンの上に王冠を戴いている女力士像がある[2]。マルセイユ版の女力士もそういうことではなかろうか。この帽子が無限記号だと言われるよりまだ納得がいくというものだ。

　女力士の王冠とマントは、彼女が格闘技のチャンピオンであり、大変強い存在であることを物語っている。帽子状の王冠は、優勝トロフィーのような意味で、政治を司る王の王冠と区別をつけているのかもしれない。王様ではなく「王者として認められた者」の冠り物だ。

1　"中橋基明"　Wikipedia日本語版　（2018年2月4日閲覧）
2　"Tarot forza"でGoogle画像検索すれば該当する画像を見つけることができるだろう。

XI　力

●獣と戦うための腕甲

　女力士が両腕前腕部にはめているのはヴァンブレイス（vambrace 腕甲）と呼ばれる筒状の防具で、固い皮や金属でできている。この防具は古代ローマが起源とされる。

　古代ローマ帝国ではコロシアムで剣闘士がライオンやトラと戦わされた。また、古代ローマは多神教の文化圏だったので、唯一神にこだわるキリスト教は弾圧され、教徒たちをライオンに喰わせる公開処刑が行われたこともある。

　犬と素手で戦うときは、犬の唯一の武器である口を封じるために防具で保護した片腕を犬にわざと嚙ませて、残りの腕で打撃を加えたり犬の舌を引きずり出したりするらしいが、ライオンは爪も武器だからヴァンブレイスだけで勝つのは厳しいかもしれない。

　女力士は剣のような武器は持っておらず、ヴァンブレイスという防具だけを身につけている。チャンピオンは対戦者からの挑戦を受け、その王座を守らなければならない。また処女や信仰も「守る」対象だ。女力士の力は、防衛の力ということらしい。

●ムツゴロウさんは犬の口をこじ開けると

　女力士はなぜ獣のあごに手をかけるのだろうか。動物研究家の畑正憲（ムツゴロウさん）がこれと同じことをしているのをテレビで観たことがある。初対面の大型犬に会ったら、まるで挨拶かなにかのように、両手で犬の口をこじ開けて自分の頭を突っ込むのだ。すると犬はとてもおとなしくなって、ムツゴロウさんに従順になる。犬にとってあごは唯一の武器なのに、それをこじあけて頭を突っ込むのは、「おまえのことなんかちっとも怖くないんだぞ」という威圧なのかもしれない。

　動物はそういう行為にとても弱い。たとえば家畜の山羊も、角をつかんでねじって押し倒してしまうとそのあとはとても従順になる。動物は己の武器が効かないと思わせるとおとなしくなる。女力士の図像は、相手が最も頼みとしている武器や長所を真っ向からくじくことで、相手の心まで折る、容赦のない力

128　　　　　第2章　大アルカナを読み解いてみよう

を示しているのかもしれない。

◉無限の力は二つある

11番の獣は一般的にはライオンだと見なされるが、長毛種の犬にも見える。狩猟と貞節と月の女神アルテミス（2番）は番犬を連れている。アニメなどで、オオカミや熊やシャチやドラゴンなど凶暴な獣を眷属にしている少女のキャラクターを見たことがあるだろう。現実の世界でも、お水系の美女に腕っ節の強いやくざ男が用心棒として張りついているのはよくある話だ。

しかし、その束縛から逃げたくなると女は他の男に色目を使う。それに乗った新たな男は挑戦者として戦いに巻き込まれるというわけだ。このように美女と野獣の間には共生関係があったりする。獣は女力士の敵と限ったわけではない。両者の関係は懐柔したりされたりしている場合もあるわけだ。

動物の眷属はいらなくなったら「森へお帰り」で済むので扱いは楽なものだ。美少女はそういう関係を理想としていて、11番の絵はそれを暗示しているのかもしれない。まだ結婚したくはないのだ。

女教皇に象徴される乙女の魅力と、女力士に象徴される暴力は似ている。女性美を兵器級に磨き上げると野郎どもを手玉に取れる。暴力は体力的に弱い者や女性を理屈ぬきで従わせてしまうが、女性美も理屈抜きで強面の男をも従わせてしまうところがある。どちらも原始的で肉体的で野蛮な力と言えまいか。

シノペのディオゲネスの逸話にもこうある。

"オリンピック大会の勝者がひとりの遊女に熱い眼差しを向けているのを見て、彼は言った。「ほら、ごらん。闘争狂いの雄羊がゆきずりの小娘によってどんなふうに首をひねられているかを」。"

また、映画『ニキータ[4]』では、初老の女教官が工作員訓練過程にあるヒロインの少女ニキータに化粧の手ほどきをしながら言う。

3　ディオゲネス・ラエルティオス　『ギリシア哲学者列伝（中）』　加来章俊／訳　岩波文庫
　　1989年
4　『ニキータ』　1990年公開　リュック・ベンソン／監督　フランス

"ルージュを引くのよ。女の本能のままに。忘れないで。この世には無限の
ものが二つだけあるわ。それは女の美しさと、それを乱用することよ"

　無限の力は二つあるというのが実に象徴的で、2番と11番にぴったりの言葉
だ。ただし**無限の力も時間にだけは勝てない。**せいぜい使えるうちに乱用して
おくことだ。とある飲み屋のママさんは「貢がせていくつ会社を潰したかが女
の価値だ」と豪語していた。やがて、そんな力も失せていくのだが。女教皇の
イデアは永遠だが、それを映し出すスクリーンは劣化を免れない。

●ウエイト版の8と11の交換

　ウエイト版は8番と11番の絵が交換されている（34ページ**図2**）。

　ウエイト版11番（正義）は、マルセイユ版の8番（正義）と構図はほぼ同じで番
号だけが変わった。しかしウエイト版8番は絵とともにタイトルも変更されて
おり、それまでのタロットには存在しない新しいカードと差し換えられたよ
うなものだ。

　マルセイユ版の11番（力）は獣のあごをつかんで格闘している女力士だが、
ウエイト版の8番（剛毅）はドレスの女性が獣のあごに手をかけてペットでもあ
やすように手なずけている。図像としては似ていると言えないこともないが、
「剛毅」の女性の花飾りのついた純白のドレスや図像全体の彩色からいって、
これは戦う女性を描いたものではないだろう。それが象徴している意味は大き
く違う。

　マルセイユ版11番はフォース（force）、ウエイト版の8番はストレングス（strength）。
どちらも「力」という意味だが、フォースは実際に行使された物理的な力で、
暴力や軍事力の意味もある。ストレングスは人や物が自身の中に備えている力
で、体力や精神力などを意味する[5]。

　マルセイユ版11番は獣の口を押さえつけて格闘しているのだから、まさに
物理的な力が発揮されている光景だ。11番と対となる2番（女教皇）の、女の美
しさという無限の力も外に顕れる力だから、フォースだ。美女も見られなけれ

5　ER Synonym Dictionary Online　http://synonym.englishresearch.jp/details/power.html

ば美の力は発揮されない。すでに述べたように、それは男の本能に作用する逆らいがたい暴力の一種だ。

それに対しウエイト版の8番（ストレングス）が暗示しているのは、狂暴な獣も従順にしてしまうような愛情の力や人間力だ。

「タロット人生劇場」を思い出そう。8番が裁判官からストレングスに変わるとどういう物語になるだろう。7番の戦争で手柄を立てたあと、8番で撫でられるライオンよろしく、女王陛下に褒めてもらうのだろうか。英雄として勲章をもらったり、貴族に格上げしてもらったりして家名を上げるのだろうか。ウエイトが育ったイギリスの階級社会の匂いを感じてしまう。

8番（正義）は両者に公平な調停をもたらすが、ストレングス（8番）は一方を下僕にしてしまう。

魔法少女やジャンヌ・ダルクは敵と戦うが、裁判官のように中立的な立場で人を裁いたりはしないし、調停役でもないし女王でもない。2も11も二元対立を意味する数であって中立の視点はない。2番（少女）と9番（老人）が仲良しだったことを思い出そう。少女の若さと美を老人は持ち得ず、老人の知恵と知識を少女は持ち得ず、共依存の関係にあった。隠者（9番）と違って、彼女たちには難しいことはわからない。召命を受け、一途に戦い抜くだけだ。

裁判（8番）は平和を回復するために行われる。原告と被告双方の言い分を吟味して、法の下に公平な判決が下される。星（17番）は自然界がもつ回復力や自然界のバランスを暗示する。星は回帰運動をするし、星々は引力と慣性力で均衡を保ちながら動いている。

マルセイユ版なら裁判官と星のカードの共通性を見いだすことはたやすい。

しかしウエイト版8番（剛毅）からは、均衡や回復という意味が脱落し、法や法則という概念にもつながらない。人の手の入らない本来の自然界（17番）は人間的な意味ではまったく愛情深くはない。自然の法であれ人間の法であれ、法や法則は曲がってはいけないものなので、その意味では厳しいものだ。

マルセイユ版では、愚者と1番から9番まではキャラクターだが、10番以降のカードには、一桁台のキャラクターが経験することや内面的なことが寓意的に描かれている。

XI　力

7番（戦車）で名なり功なり遂げたあと、ウエイト版8番では愛の力をもって下の者たちを従わせる、などと好意的に解釈できないこともないが、結局このお姫様は周囲の者を優しく下僕（奴隷）にしてしまうのだし、マルセイユ版では表面的なキャラクターイメージで人生の諸段階を物語ってきたのに、突然キャラクターの内面にスポットを当てたような解釈をせざるを得なくなる。

ウエイトは、カバラの生命の樹という象徴図形にタロットを当てはめようとしたとき、うまく合わないところがあったので8番と11番を入れ替えたと言われる。カバラとタロットは惜しいところで完全一致に至らず、ウエイトはカバラの象徴体系を優先し、タロットのほうを変えることにしたらしい。ウエイトはカバラカードを作りたかったのだろう。新しい試みとして、それはそれでよいと筆者は思うのだが、各カードが絶妙なハーモニーを奏でているマルセイユ版のエレガントな象徴体系は、ウエイト版では崩れてしまっていると筆者は思う。

XII　振り子

◉「吊された男」はなぜ男なのか

振り子というタイトルがついているが、「吊された男」というほうが通りがよいだろう。どちらにせよフラリフラリと揺れるものであることを表している。

この人物は服のボタンが右側についているから男だ。洋服のボタンは男は右側に、女性なら左側についている。中世ヨーロッパの宮廷では、男は自分で服を着替えるが、女性は使用人に服を着せてもらっていた。利き手の関係で使用人の作業のしやすさから、ボタンのつき方が逆になったのだ。今もその名残で女性の洋服は左ボタンだという[1]。

1　"メンズとレディース　前ボタンの左右付く位置が違う理由とは？"　オーダースーツコンシェルジュ松はじめのスーツ着こなし方ブログ　http://matsu-hajime.livedoor.biz/archives/52051184.html

◉12は時の数

　12という数字は時間と縁が深い。時計の文字盤がそうだし、黄道十二宮も一年を象徴する文字盤といえるし、十干十二支も暦や時間を表す数詞であり東洋の象徴体系だ。12は「永遠の時間」や、「完結した一つの世界」の象徴だ。

　振り子はリズムを刻む。また巨大なフーコー振り子は地球が自転していること、時が進むこと、日がめぐることをあらわにする。

　カードに描かれた両サイドの12個の切り株は、処刑された男の生命の時間を暗示しているようだ。西洋の墓地には、木の切り株を模した石像が建てられていることがある（図17）。それは「突然、命が断ち切られてしまったこと」を象徴するとされる。[2]

図17

墓地にある切り株の像
https://commons.wikimedia.org/wiki/File:Grabstein_Friedhofspark_Freireligioese_Gemeinde_Berlin_Prenzlauer_Berg.jpg

◉イスカリオテのユダ

　この絵の男は、イエスを裏切ったイスカリオテのユダだと言われる。ユダがイエスの**12**番目の高弟だったとき、教団の財布を預かる身でありながらそのお金を横領していたことが、ヨハネの福音書第**12**章に書かれている。

　吊られた男はポケットのある服を着ている。「こっそりポケットにしまう」という言い回しがあるように、ポケットの象意は秘密の隠し場所だ。

2　ATLAS OBSCURA　"A Graphic Guide to Cemetery Symbolism"　ATLAS OBSCURA　http://www.atlasobscura.com/articles/a-graphic-guide-to-cemetery-symbolism

後にユダは銀貨30枚でイエスを裏切り、ユダヤ教の祭司長にイエスの居場所を教えてしまう。それによってイエスは捕らえられ処刑されることになるのだが、その行いを悔いてユダは首を吊って死ぬ[3]。

　また『使徒言行録』には"ユダは不正を働いて得た報酬で土地を買ったのですが、その地面にまっさかさまに落ちて、体が真ん中から裂け、はらわたがみな出てしまいました[4]。"とある。

　こういう物語から、12番（吊るされた男）は、ユダに結びつくらしい。

　他にも磔刑に処されたイエス・キリストに重ねられたり、逆さ磔で殉教したとされるイエスの一番弟子ペトロに重ねられたりもする。

　しかし、この絵は、どこにでもいそうな男が逆さ吊りになっているだけで、イエスやユダやペトロを表す記号はどこにも見当たらない。聖書を知らない人から見れば「なにを根拠に？　あなたの思い込みでは？」と問いただしたくなってしまうはずだ。

　とはいえ、ヨハネの福音書にあるユダの裏切りは12章、そのときのユダはイエスの12番目の弟子、というように、12という数が重なっている。

　またヨハネの福音書は全21章から成るのだが、実は愚者を除いた大アルカナの21枚と各章には関連が認められる。だがそれについては、一通り大アルカナの説明が済んでからにしよう。

◉時間と身体

　西洋占星術では黄道十二宮と人体との対応関係が内臓までも含めて決まっている。天と人の間には相関関係があるとする考え方だ。仏教では心と体の仕組みを12の諸機能に分けて説明した十二縁起という考え方がある。12という数は、心と体を含めての身体とも縁が深い。

　また、教育分野で有名な人智学者R.シュタイナーによると、人間には12種類の感覚があるという。たとえば五感に加え、運動感覚、平衡感覚、熱感覚、他などがある。

3　『マタイによる福音書 (26-27)』　新約聖書　新共同訳
4　『使徒言行録 (1:18)』　新約聖書　新共同訳

「タロット人生劇場」の最後は"第二の嬰児、それからまったくの暗転、歯なく、眼なく、味覚なく、何もない"だが、これは死に際しての一切の感覚の消失を物語っている。

12の切り株は、肉体の感覚や苦が生じる十二縁起から、男が断ち切られた状態にあることを描いていると考えられる。だから男は苦悶の表情を浮かべていないのだ。

ここで筆者が言いたいのは、12という数に時間と心身が関連づけられる傾向があるということだけだ。人間の感覚が本当に12種類と言えるかどうかは疑問が残る。十二縁起についても同様だ。人体の骨の数を数えるのであれば誤謬が入る余地はないだろうが、心の諸機能の数だの苦しみが起きる根本原因の数だの煩悩の数などと目に見えないものを数える話になると、たいがい諸説出てきて答えが定まらないものだ。「だいたいそれくらい」程度に思っておこう。

◉子宮で眠る胎児

この絵には上もなければ下もなく、大アルカナの中で唯一、上下どちら向きでも鑑賞できる。この男は死んでいるようには見えない。逆さに吊られているのにすまし顔だ。この絵を逆位置で見ると杭の上に片足立ちしている男になる。表情もどこか楽しげに見えてしまう。

両サイドの樹木の枝は切り払われているが、これは枯れた木ではない。逆位置で見ると緑の葉を茂らせているようにも見える。

『三枚のお札』のところで少し触れたが、吊された男は子宮で眠る胎児の象徴的表現だと筆者は思う。12番は3番(女帝)と同グループだ。妊婦のお腹の中で胎児は逆さまになって眠っている。子宮は羊水に満たされていて、胎児には上もなければ下もない。一本のへその緒が胎盤と胎児をつないでいる。男も一本のロープだけで環境とつながっている。母親は編み物や縫い物をして子供の服を作る。母親の子宮の中では肉の衣が編まれていく。

振り子は時を刻む。胎児が母体の中で完成するまでには一定の時間が必要だ。その間は、子宮の中に幽閉され、外界に手出しはできない。しかし飢えや寒さ

XII 振り子

に苛まれることもない。だから男は逆さ吊りにされているにもかかわらず、苦悶の表情を浮かべない。両サイドの木にある12個の切り株は、男の肉体感覚が外界と遮断されていることを暗示する。男が手を後ろにまわしているのも、環境に干渉しないしできないことを暗示している。

　皇帝の一本足と同じで、吊された男の姿勢もそんなに長くは続かない。やがて出産の時がくると、羊水の中で溺れるような体験が始まる。時にはへその緒が胎児の首に絡まり苦しむような事態も起きたりする。両サイドの樹木は子宮から産道へと変わり、吊られた男（胎児）は落下し産道をくぐり抜け、頭を外界に出す。なぜ12番の樹木の下に草が茂っているのか、おわかりいただけただろうか。タロットは下世話なものなのだ。

　人類は進化の過程で知能を発達させたので頭が大きくなった。二足歩行するようになって骨盤も開きにくくなった。頭は大きく出口は狭い。だから人類はとても難産な生き物で、胎児が大きく成長する前に、未熟なまま半ば流産するようにして生まれてくるという。人間の子供は未熟で生まれた分、動物と比べて歩けるようになるまでに時間がかかるし、大人になるまでにも長い年月と教育が必要だ。胎児は、子宮の中での成長をいわば途中で断ち切られるようにして生まれてくるのだ。

◉幽体離脱や臨死体験の寓意

　大アルカナの中でボタンつきの服を着ているキャラクターはこれ一枚。ボタンの数は9個だが、これは他のマルセイユ系タロットでは8個だったり10個だったり様々なので、その数についてはこだわらないことにしよう。**ボタンは服を着たり脱いだりするためにある**というのが要点だ。

　生まれゆく魂は子宮の中で肉の服を着る。胎児は息をしていないし、外界にも接していないので、生とも死ともつかない中間的な境遇にある。そして胎児は子宮の中で夢を見ているなどとも言われる。

　臨死体験者が三途の川やお花畑を見て帰ってきたりするが、それはあたかも肉体から魂が抜け（つまり服を脱ぎ）、異世界にいる自分に気づくような体験だ。しかし死んでしまえばその経験をこちらの世界の住人に話すことはできず、戻

ってきて話せば、それはまだ死んでいなかったのだとか科学的な証明ができていないという理由で、夢ということにされてしまう。しかし夢がなんであるか、まだ充分には解明はされていない。

また、医師による死亡判定を受けたにもかかわらず、蘇生した話はよく聞く。その場合は誤診だったという扱いにされるが、長年訓練された医師が、所定の手順を経て死亡判定を下しているのだ。死とは本当に不可逆なものなのだろうか。

三途の川も、渡ってしまう前なら戻ってこられるようなので、そこはあの世とこの世の狭間のような世界らしい。そこは古来よりアストラル界と呼ばれ、実は臨死体験などしなくても見てくることができる。肉体という服は、ちょっと練習すれば、ボタンをはずすように脱ぐことができ、アストラル体という別の体（服）をまとってアストラル界の旅行ができる。そして再び肉体の服を着て、その特別な夢から醒めることができる。

その方法を筆者は『幽体離脱入門』という本で紹介し、多くの人々から「すごい経験をした」と驚きと感動のメールを多数いただいたので、アストラル界を知識としてではなく経験的に知っている人々は今や大勢いる。

アストラル界は鏡の世界だと言われる。自分が心に願ったことが現実に起きる世界だからだ。たとえばアストラル界では空を飛びたいと思えば鳥のように飛べる。誰かに会いたいと思えばたとえそれが亡き人であっても会える。アストラル界では魔法が使えるのだ。また、心に願ってもいない、見知らぬ場所、見知らぬ人々や生き物はいくらでも存在する。自分の心が映っているだけではないのだ。

12番のカードを逆位置で見るように、静かな水のほとりで片足立ちをしている人物をイメージしよう。その人の左右には二本の樹木が立っている。水面には男の姿が上下反転して映るだろう。この男は水鏡に自分の姿を映している。

幽体離脱をして最初に見るのは自分の家の部屋の中だ。日常で見る部屋とほとんど変わらないし、体脱中の視覚は極めて鮮明なので、体脱中であることを忘れてしまいそうになる。この世が鏡に映っているかのように、アストラル界はこの世の世界とよく似ている。

そこでたとえば部屋の窓ガラスを叩き割ったとしよう。大きな音がして確か

XII 振り子

に窓ガラスが割れたことを鮮明に目視できる。しかし肉体に戻ってみれば、現実の窓ガラスは割れていない。

幽体となってアストラル界で活動することはできても、幽体から生の世界である物質界には干渉はできないのだ。吊された男は、アストラル界にいる人物の寓意とも考えられる。12個の切り株は、この世である物質界とは切り離されていることを表している。

●カバラの星をタロットで解読

3番（母）は体を造る者、対となる12番は人間の身体と感覚機能。もう一枚、人間存在の象徴として7番（戦車）を加えよう。人間は御者、馬、馬車によって象徴される。3 + 7 + 12 = 22で大アルカナの数になる。

ヘブライ語のアルファベットは二十二文字あり、母文字が三つ、複音文字が七つ、短音文字が十二個ある。有名なカバラ文献『セフェール・イエツィラー』[5]の中に、三角形、七芒星、十二芒星を重ね、そこに二十二文字を配した星の図がある（図18）。

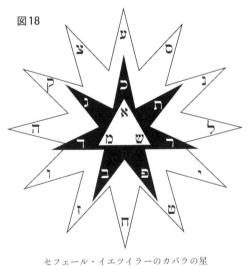

セフェール・イエツィラーのカバラの星

---

5 マンリー・P・ホール 『カバラと薔薇十字団』（象徴哲学大系Ⅲ） 大沼忠弘, 山田耕士, 吉村正和／訳　人文書院　1981年

12番の切り株は黄道十二宮、7番（戦車）は七惑星（太陽・月・水星・金星・火星・木星・土星）。戦車は動きまわるし、神話の中で太陽は馬車で運ばれる。

三角形の中の三文字は「母」を意味し、神の霊から生まれた第一元素を表すとされる。三文字には、〈風〉〈水〉〈火〉が照応しているが、女帝（3番）の翼は〈風〉を、鷲の盾は〈水〉を、王笏は子に受け渡される命の〈火〉を表している。21番（世界）の四聖獣のうち、天使の輪をもつ生き物は、〈風〉〈水〉〈火〉を表し、輪のない牛は〈地（土）〉を象徴する（詳しくは21番の説明にて）。

12は黄道十二宮、7は七惑星とくれば、3は母なる地球と考えることにしよう。これはジオセントリック（天動説）の宇宙観だ。カバラの星の図は天と人の相関を表した宇宙の縮図といえるだろう。

このようにタロットを他の象徴体系に重ねると、なんのことやらわからなかったものが突然わかりやすくなる。マルセイユ版は神秘思想を理解する鍵だ。

XIII　（無題）

◉なぜ無題なのか

3番は妊娠、4番は出産と考えることができた。4番でへその緒が切断され赤子が生まれる。人は4番で生まれ13番で死ぬ（詳しくは後述）。

しかし13番以降もタロットの絵物語は続く。これが意味しているのは、死というのは通過点にすぎず、死後も人は意識が存続すると言うことかもしれない。肉体は滅びても精神は死なないなら、このカードを死と呼ばなくてもよいのではあるまいか。このカードが「無題」になっているのはそういう含みがあるのかもしれない。黒と白にくっきり色分けされたこの絵は、昼の世界から夜の世界に軸足を移すことを暗示しているのだろう。

◉農夫と皇帝

タロットカードを知らない人でも、この絵が死神と呼ばれることは知っているのではなかろうか。西洋物のダークファンタジーでよく登場する大鎌を持つ

た骸骨は、グリム・リーパー（the Grim Reaper）と呼ばれている。厳格で無慈悲な収穫者という意味だ。この大鎌を持った骸骨が農夫であることに気づいている人はあまり多くはないかもしれない。大鎌は草を刈ったり作物を刈り入れたりするときの農具だが、農民が反乱を起こすときの武器でもあった。

この農夫は骸骨にも見えるし、ミイラのようにやせ細った人にも見える。奴隷のようにこき使われる農奴かもしれない。13番の対極のカードは4番（皇帝）。皇帝と農奴は対極的だが、少し見方を変えると、皇帝もある意味で農奴のような仕事に見えてくる。

畑の作物から見れば、農夫は作物の生殺与奪の力を持った支配者だが、農夫のほうも、土を耕したり害獣を防ぐ柵を作ったり作物泥棒を見張ったりと、作物のために働かねばならない。作物への奉仕者ということだ。

皇帝から見た民草は、畑の作物のようなものだ。そもそも「民草」などという言葉があることが、国土が畑で国民は作物だということを暗示している。皇帝は民草から税金を取り立てるが、その税金は国という畑を外敵や災害から守り、民を栄えさせるためにも使われる。

畑には手や首が落ちている。手は左手ばかりだ。右手は善、左手は悪とされるので、これらは作物を盗みにきた泥棒たちの手なのかもしれない。原始的な社会で盗みを働くと、罰として手を切断されたりする。農耕の王が畑を外敵から守っていることを示しているのだろう。

王が民を守り、国を繁栄させる義務を怠ると、他国に攻め込まれたり、反乱が起きて殺されたりする。他国から侵略を受ければ、皇帝は民のために命がけで戦わねばならない。王は民への奉仕者だ。支配することは、支配されることでもある。

とはいえ、農奴は搾取される側、皇帝は搾取する側で、皇帝のほうが強いはずだ。だが、農夫の足下には二つの頭がころがっていて、右側の頭は王冠を戴いている。この農夫は、民も王も差別なく刈り入れることを暗示している。骸骨農夫は、生者必滅の運命を擬人化した死神で、皇帝もその運命には逆らえない。左に4番（皇帝）、右に13番のカードを並べると、互いに向き合うように描かれている。死神は自然界の残酷な側面、王はそれに対抗して国と民に迫る死

の影を追い払う世の光であり、ゆえに両者は真っ向から対立しているのだ。4番は人の王、13番は生命の王だ。

●死と税金からは逃れられない

物語の中の死神は、人の寿命を知っていて（寿命を記したノートを持っていることもある）、時間通りに命を刈り入れる。機械のように正確だ。死ぬべき定めの人が世界中どこに逃げようと、死神はどこにでも現れ、決して逃れることはできない。死神の活動範囲はインターナショナルだ。

死神の絵を見て、劇画『ゴルゴ13』[1]を思い浮かべた人もいるかもしれない。劇中では「超A級のスナイパー、ゴルゴ13はマシーンのように正確に仕事をこなし、狙われるとアメリカ大統領でも助からない」ということになっている。

皇帝（4番）は定規を持っていたが、物語の中の死神も命の時間の長さを見て正確に仕事をする。伝統的に、死神は人を無理やり殺すようなことはなく、死すべき時が来た人を冥界に連れていくだけとされている。

映画『ジョー・ブラックをよろしく』[2]は、一代でケーブルテレビの会社を築いた老齢の社長（4番・皇帝）を死神がお迎えに来る話なのだが、その中で「死と税金からは逃れられない」[3]という言葉が出てくる。税金は王が民に課すもので、確かに死と同様に逃れることは難しい。

●道化恐怖症

王のそばには宮廷道化師がいた。愚者は王の影の人格であり、友達であり、切っても切れない関係だった。愚者と死神にも深い関連性があるに違いない。愚者と死神はどこが似ているのだろうか。

愚者と13番のカードを並べてみよう。どちらもよく似た姿勢だし、道化が右手に持っている杖は先端がフレームの外だが、もしかしたら13番の大鎌と

1　さいとう・たかお　『ゴルゴ13』　小学館　1968年〜現在　SPコミックス
2　『ジョー・ブラックをよろしく』　1998年公開　マーティン・ブレスト／監督　アメリカ
3　ベンジャミン・フランクリンの「この世では、死と税金を除いては何も定かではない」という言葉が元ネタ。この世は諸行無常なのに、死と税金の取り立てだけは確実にやって来るという意。

XIII　（無題）

リンクしているのかもしれないと思えたりもする。

　愚者も農夫もどちらも種をまく者だ。死神の畑に落ちている首や手も、次世代のための種や肥料なのかもしれない。

　死神（骸骨）も道化もハロウィーンの仮装などの定番だ。非日常的なキャラクターであり、思いがけず見かけたら相当ギョッとする格好をしている。ピエロの姿に恐怖を感じてしまう道化恐怖症というものがある。映画『IT―イット―』[4]には、子供を殺すピエロ姿のモンスターが登場する。本来、ピエロは人を笑わせるキャラクターのはずだが、どこかブラックなもの、死への恐怖が潜んでいるように思われる。笑いは恐怖の裏返しでもある。

　すでに述べたように、時代劇の中の忍者などは愚者に相当するキャラクターであった。王（殿）の密命で、命じられた相手を暗殺したりする。

◉畑で一本足で立っているもの

　この死神は片方の足首が切断されていることに注目してほしい。皇帝と同様、一本足で立っている。畑で一本足で立っているもの、それはカカシだ。カカシは鳥や獣を恐れさせる目的で立っている。それは動物に向けての死の警告だが、実際のところ、カカシは害獣に対してあまり効き目はないという話をよく聞く。動物はそんなにバカではない。

　『オズの魔法使い』で、カカシはオズに知恵を授けてもらいたいと願った。頭に藁しか詰まっていないカカシは愚者の象徴でもある。ただ、古事記に出てくる久延毘古というカカシの神格は、一日中、田んぼから世の中を見ていることから大変な知恵者ともされる。カカシも愚者と同様、愚かさと知恵の両面を併せ持っているらしい。

　民俗学者の吉野裕子の『蛇』[5]によれば、カカシという言葉は蛇の古語であるカガチからきていると言う。つまり、カカシは蛇を意味しているらしい。蛇は一本足なので男根のシンボルで、古い体を脱ぎ捨てるように脱皮して成長することから、死と再生のシンボルでもある。このことから、死神カカシが畑に立

4　『IT―イット―』　1990年公開　トミー・リー・ウォーレス／監督　アメリカ
5　吉野裕子　『蛇　日本の蛇信仰』　講談社学術文庫　1999年

つ姿は、一粒の麦が芽を出して稔って刈り入れられまた撒かれるという、死と再生の循環を象徴しているとも解釈できる。

心理学者のユングは幼少のころ、そびえ立つ一つ目の肉の棒を夢で見て恐怖を感じたが、後年、それが男根神であったことに気づいたという。死神はこちらに片目しか見せておらず（つまり一つ目で）一本足で立っている。13番と対となる皇帝（4番）も男根の象徴だ。

●ここより魑魅魍魎界

1番から12番までは人間的な世界が描かれているが、13番からは死神や天使や悪魔、燃え盛る神の家、星、月、太陽というように、人智を超えた存在や巨大な自然界の力が描かれている。**12番までは人の世だが、13番からは人外魔境が広がっている。**

人間の社会は法に従って秩序が守られている。法律があるから刑罰もある。12番は処刑された男だ。吊られた男は罪を犯したか、弱者であったか、なんらかの理由で社会から退場させられてしまった人と見なせる。

さらにその縁の外である13番以降は、社会的身分など関係のない、むきだしの自然界、さらには超自然的で非人間的な世界が広がっている。小さな魚を大きな魚が食べて、大きな魚をもっと大きな魚が食べる、という弱肉強食の世界だ。

巨視的な目で見ればそれも宇宙的な法に基づく愛なのだ、となるのかもしれないが、人間はそういう社会を好まなかった。だから古代インドの政治家カウティリア が『実利論[6]』で述べているように、人は人の社会が魚の社会になることを忌避し、王笏（法）による秩序を望んだのだ。

魚や獣の原理に支配された世界の中で人間的な愛をもって戦うヒーローに、人は喝采を送る。たとえば漫画『デビルマン[7]』や『北斗の拳[8]』はそういう物語と言えるだろう。

6　カウティリヤ　『実利論（上）』　上村勝彦／訳　岩波文庫　1984年
7　永井豪　『デビルマン』　講談社　1972-1973年　講談社コミックス
8　武論尊, 原哲夫　『北斗の拳』　集英社　1983-1988年　ジャンプコミックス

12番は世界の縁で人間愛を叫ぶ人だ。キリストは愛を説いた人なので12番に投影される。12番を超えた先にある13番からの世界は、魑魅魍魎界なのだ。

●お遍路さんというシステム

古代インドのバラモン教によると、人生は学生期、家住期、林住期、遊行期の四住期から成るという。タロットでいうと、学生期は5, 6番、家住期は7, 8番、林住期は9番、遊行期は10番と考えられる。子育てが終わり中年も終わり頃になると、林住期になる。家族を残し家を出て、森林の中に隠遁し、宗教上の修行生活を始める段階だ。さらにその先には遊行期が待っていて、あてどなく放浪しながら死ぬまで乞食遊行を続ける。晩年のブッダの生活もそのようなものだった。

日本のお遍路も、大昔は遊行期と同じような役割を担っていた部分があった。死期が近づいた人や家の中に居場所をなくした人の中には、帰らぬことを前提にお遍路に出かける人もいた。四国八十八箇所の霊場を巡礼する、全行程一千キロ以上もの徒歩の旅。最低限の食べものや寝る場所は恵んでもらえたし、行き倒れてしまった人は丁重に埋葬してもらえた。実質上は単なる野垂れ死にでも、敬虔な巡礼者としての死として扱われる。つまり、尊厳をもって死ぬためのシステムが用意されていたということだ。

これは人の死の定めを社会のサイクルに組み込んであるシステムと言えるだろう。これを13システムの社会と呼ぼう。こういう社会は人を過剰に保護しない。ある程度の歳まで生きた者を、あとは野となれ山となれとでもいわんばかりに12番の外にほっぽりだしてしまう。人が集団で生きる俗世から、大自然の摂理の手へと返してしまう。姥捨て山の世界だ。

幸か不幸か（おそらく幸だと思うが）、こういう仕組みは今の我が国にはない。現代のお遍路さんは、行き倒れそうになったら救急車がやってきて助けてくれる。痴呆だろうと寝たきりだろうとできるかぎり保護しようとする。いつまで延命治療を続けるべきか悩むケースさえ増えている。死を遠ざけて人間愛を優先する、12番までの世界観でできた12システムは、安全安心がモットーだ。しかしそれは人間側の理念によるもので、13番の原理から見れば悪なのかも

しれない。畑の作物も果樹の花も、適当に間引いてやらないと豊かな実りをもたらさないものだ。

　12システムは自然界の摂理に反しているので、どうしても無理が蓄積される。吊られた男がやがては力尽きてしまうように、いつかは限界がきて、犯罪が多発したり、経済が破綻したり、戦争が起きたりと、揺り戻しがくることになる。

　人間社会は12システムか13システムのどちらかで、たいがいは12で時々13が顔を出す。だが14システムの社会というのも想像できる時代になりつつある。それは13の死を超越した社会だから、自然環境を完全に支配下におくことに成功し、大地の呪いから解放され、母なる地球にも依存しない。高度に発達したテクノロジーによって、常若の不老不死が実現し、飢えも渇きもなくなるのだろう。

　しかし、14の彼方には15番の悪魔が控えている。高度に進化した生命体とその文明には、それに釣り合うだけの大きな影（敵）が出てくるものだ。人類の悩みが尽きることはないだろう。14番（節制）には二つの世界を結ぶ天使が登場する。地球を離れてよその星に移住できるようになるほど科学技術が発達した頃、14システムの社会が訪れるのだろう。

XIIII　節制

●欲望に制限をかけること

　西洋で「節制」とは、第一義には禁酒することを意味する。酒を飲むと気が大きくなって、普段は口にできないようなことを言ってしまったり、馬鹿げた行動をとったりするが、節制はそういうことをしないことを意味する。

　広辞苑（第六版）によると、「節制」とは"①度をこさないようにほどよくすること。ひかえめにすること。「健康のため節制する」②規律正しく、行動に節度があること。放縦に流れないように欲望を理性によって統御すること。"とある。

　節制と同グループの5番（教皇）の解説ですでに述べたが、教会や学校は節制

を教える場所だ。宗教の信徒になると、色々と遵守しなければならない戒律や自粛すべき事項があり、節制を求められる。また、勉強とは強いて勉める行為で、それはつまり目的のために欲望に制限をかけるすべを学ぶということで、授業中は静かにするといったものも含めて、心のブレーキやアクセルを使いこなせるようになることだ。生まれたばかりでは動物的段階にあった子供は、そのようにして人になっていく。

　7番（戦車）では、馭者・馬・馬車による寓意で、自分自身を統御することが示されていた。7の倍数である14番でも同じテーマが暗示されている。

◉子供のころ練習したあの動作

　節制の天使はエプロンらしきものを腰に巻いている。エプロンは服が汚れないようにつけるもので、清掃をしたり物作りをしたりする職人のアイテムだ。この天使はなんらかの技術や技能をもって働いていることを暗示している。

　あなたは子供の頃、コップに入っている飲み物を別のコップに移し替えようとしてこぼしてしまったことはないだろうか。このような身体動作は、この天使のように腰も使って全身でタイミングよくやるのがコツだが、水の運動性質を体得し、こぼさずに移し替えるという目的意識を持って何度も練習しなければ、うまくできるようにはならないだろう。コップの水の移し替えによって象徴される、高度な技術の習得は、人間だけができるのではあるまいか。

　映画『2001年宇宙の旅』では、原始の荒れ野にモノリスという謎の石板が出現する。モノリスは生き物に知恵をもたらす謎の物体で、それに触れた猿は動物の骨を武器にすることを思いつき、他の猿を打ち負かした。モノリスの各辺の比率は1対4対9で、$1^2 + 2^2 + 3^2 = 14$。14は知恵の数だと憶えておくといい。

◉濁った水をきれいにするには

　水の移し替えが暗示するもう一つのテーマは、浄化だ。汚れた水をきれいにするもっとも簡単な方法は、一晩水を汲み置いておくことだ。すると泥や重金属など重たい物質は底に沈殿するので、そっと上澄みだけ別の容器に移し替えればよい。その水でお茶を入れるととてもおいしくなるという話を、お茶屋さ

んに教えてもらったことがある。

これと原理的によく似たペーパー・クロマトグラフィーという化学の技法がある。複数の物質が溶け込んだ液体を、細長い濾紙に吸わせる。軽い物質ほど高くまで吸い上げられ、濾紙の上に比重別に成分が並ぶ。狙った物質が集まる場所をハサミで切り取れば、特定の物質だけを抽出することができる。

教皇は聖水を振りかけて浄化の儀式を行う。教皇は信徒と異教徒を分ける。学校は成績順に生徒を並べて選別する。よいものを選抜し、悪いものをふるい落とす。**節制の天使も教皇も選別する原理を象徴している。**

すべてというわけではないが、節制のカードに虹が描かれているタロットはたくさんある[1]。様々な波長を含んだ太陽光が空気中の雨粒で屈折し、波長ごとの屈折率の違いから分光されて、虹になる。クロマトグラフィーはギリシア語で色を分けるという意味あいがあるという[2]。光の選別ということで、虹は節制のカードの象徴としてふさわしい。

この絵は別名、錬金術師とも呼ばれる。これまで浄化や選別の意味を強調したが、二つの水差しは混合や調合や溶解も表しているといえるだろう。複数の液体を混合すると化学的な反応が起き、別の物質に変容したり液体が固体に変わるなど相転移を起こしたりすることも象徴している。

学校は、そういう場所といえるのではなかろうか。様々な個性をもった生徒が集められ共同生活を送っているうちに、ぼんやりしていた子供が学問に目覚めたり、クラス全体の仲間意識が生まれ全体のレベルが底上げされたりと、精神の次元での変容が起きることがある。ただし節制の天使にも腕の良し悪しはあって、必ずそうなるというわけでもないが。化学の実験や魔女薬の調合に失敗はつきものだ。

●死の天使と奪衣婆

西洋では人が死ぬとき、大天使ガブリエルが迎えにくると言われている。13番（死）の次の14番に天使が登場するというのは、やはりお迎えの天使とい

1　"tarot temperance" で画像検索してみよう。
2　"クロマトグラフィー"　Wikipedia日本語版　（2017年12月11日閲覧）

XIIII　節制　　　　147

うことではあるまいか。西洋魔術ではガブリエルは四大元素の水と西の方角に対応する。水を操っている節制の天使はガブリエルと見ることもできる。

日本には「死者は三途の川を渡る」という俗信がある。川の向こう岸で手を振る故人に会ったという臨死体験者の話も聞いたことがあるだろう。その三途の川岸には奪衣婆がいて死者が着ている服をはぎ取り、もう一人の懸衣翁がその服を衣領樹の枝にかけて生前の罪の重さを量ることで、死者のその後の処遇が決まるという。

チベット仏教の教典『死者の書』には、人が死後に辿る経験内容が書かれている。チベットの葬式では死者がよりよい世界に転生できることを願って、死者の耳元で死者の書を読み聞かせる風習がある。死者の書によれば、人は生前の行いに応じて、それぞれふさわしい場所に行くという。その人の煩悩や業の重さに応じた境遇に転生するのだ。

理想は解脱して仏の世界に行くことだが、それが無理な場合は六つのコース（六道）があって、天道、人間道、修羅道、畜生道、餓鬼道、地獄道のどれかに行くことになるという。天道は人間より優れた存在に達した天人の世界、人間道は普通の人間の世界、修羅道は争いばかりの世界、畜生、餓鬼、地獄は人間扱いされることは期待できないようなひどい世界とされる。天界から地獄まで、段階的に過酷になっていく仕組みらしい。

死者の書に書かれていることも、懸衣翁が服の重さを量り死者の処遇を決めるのも、人が死後、クロマトグラフィーにかけられるように選別されることを表しているのではあるまいか。虹が七色あるように、死後に辿るコースは解脱と六道で七種類のようだが、実際には懸衣翁のような選別者がいるわけではなく、自然の摂理に従って重たい魂は沈み軽い魂は上昇するというだけのことで、無数の段階があるのかもしれない。

天使の翼は天と地を往来する能力を象徴しているが、それは二つの世界の橋渡しをする役割を表している。女帝の天使はあの世からこの世に魂を運んだが、節制の天使はこの世からあの世に魂を運ぶ。三途の川の渡し守である奪衣婆は節制の天使で、此岸から彼岸に連れていくのだろう。奪衣婆であれ、ガブリエルであれ、人があの世に行くときには随伴者がいるらしい。

奪衣婆が服をはぎ取るのは象徴的だ。5番の教育でヒトは人になり服を着た。服はこの世で身につけた様々な知識や能力や肩書きなどの象徴だろう。それがあの世に戻るときには、奪衣婆にはぎ取られてしまう。節制の天使は、死者の娑婆の垢を落とす浄化役のようだ。

●四人の大天使

　大アルカナの中には鳥の翼を持った人物が四人いる。女帝（3番）、恋人（6番）、節制（14番）、審判（20番）の四枚だ。女帝の翼は特殊で大地にめりこんでいて飛べそうにはない。恋人のキューピッドは翼を持ってはいるが、これはローマ神話の愛の神で、キリスト教やユダヤ教に出てくる天使（神の御遣い）とは別種のものだ。しかし、細部にはこだわらず、ここではみな天使ということにしておこう。悪魔（15番）も翼を持っているが、コウモリの翼なのでこれは天使とは区別する。

　天使というのは神と人間の間をつなぐメッセンジャーで、天と地を往来するために翼がある。神は天に住んでいると考えられたからだ。天といっても寓意的に解釈してほしい。雲の上かもしれないし、人智を超えた高次元世界にいるのかもしれない。天使はその世界と人間の住む地上を橋渡しする役割だ。

　天使は翼を持つことから人間よりも一階層上の世界に住んでいるとされ、彼らの足は象徴的には人間の頭の位置にくる。人間の足下には動物の頭がきて、食物連鎖のような階層構造になっている。天使は前述の六道に出てきた天人のようなものと考えてもよいかもしれない。

　大アルカナの中で天使が出現する位置は意味深長だ。

　女帝は母とその腹で眠る胎児を象徴するが、彼女は魂をどこかから運んでくる存在だ。子宮の中の胎児の心臓の最初の一打が、いつどういう仕組みで生じるのかはまだ解明されていない。

　恋愛がいつ始まるのかも誰にもわからない。自分の意志で恋に落ちることはできない。そして恋愛が始まると神々しいマジカルな日々が幕を開ける。

　死を迎えた人はあの世に旅立つと言われるが、西洋であれば死神や天使が迎えに来る。日本でも「お迎えが来る」という言い方はあるし、そうでなくとも

XIIII　節制

三途の川のほとりでは奪衣婆が待ち構えている。13番の次に出現する節制の天使は、あの世への渡し守であり、人智を超えた存在だ。

　死者が復活する審判のときにも天使が出現する。死者の復活は当分起きそうにないが、身近なところでは夜に眠りに落ちた者が朝になって目を覚ますのも復活の一例だ。中には眠ったまま死んでしまう人もいるというのに……。

　これら神の介在（Divine Intervention）ともいえる場所で、役目の異なる天使たちが出現する。

　西洋魔術で五芒星形の追儺儀礼という儀式がある。これは筆者の前著『幽体離脱入門』で紹介した。四人の大天使は次の通り。

天使名	方位	四季	一日	四大	タロット
ラファエル	東	春	朝	風	20番（審判）
ミカエル	南	夏	昼	火	6番（恋人）
ガブリエル	西	秋	夕	水	14番（節制）
ウリエル	北	冬	夜	地	3番（女帝）

　四大天使には四方位、四季、一日の移り変わり、四大元素が関連付けられている（図19）。

「ラファエル」審判（20番）

　太陽は東から昇る（復活する）。審判は復活の時、目覚めの時だから朝。天使のラッパは息を吹くことで鳴る楽器なので風。東の言霊は「陽が始」。

「ミカエル」恋人（6番）

　南にもっとも高く上がった真昼の太陽を皆が見る。恋人は結婚とも呼ばれる。皆の注目を集める。夏は恋の季節。南の言霊は「皆見」。

「ガブリエル」節制（14番）

　西は太陽が空を染めて没する場所。ガブリエルは死にゆくモーセに寄り添い慰めたと言われる。西の言霊は「日死」。

「ウリエル」女帝（3番）

　母なる大地・母なる地球とはいうけれど、父なる大地・父なる地球とは言わない。大地は母なるものであり地の元素に照応する。私たちが生まれてきた場所、つまり母から生まれてきたわけだ。北の言霊は「来(きた)た」。

図19

北
冬　地　夜
ウリエル

西
秋　水　夕
ガブリエル

東
春　風　朝
ラファエル

南
夏　火　昼
ミカエル

　このように一見エレガントに照応しているのだが、「最後の審判で死者を蘇らせるラッパを吹き鳴らすのはガブリエルだ」という説がある。ただし聖書に

XIIII 節制

その記述はなく、俗信のようなものらしい。ラッパを吹く天使がガブリエルということになってしまうと、20番（審判）にラファエルや東の方位を配することは難しい。しかし西洋の民間伝承では"一般に足を東に向けて墓穴を掘る。最後の審判の召喚は東方から来る[3]"などという話もあるので、天使の名前はともかく、20番に東を結びつけるのはおかしな話ではない。

　ここでやっていることは記憶術みたいなものだ。タロットに天使の名前が書かれているわけではない。ガブリエルでなくてもラッパを吹くことくらいできるだろう。6番の翼を持つ幼児も「キューピッド」と名前が書かれているわけではないから、それが天使ではなく、また愛の神であることも無視して、ミカエルを照応させたまでのことだ。78対22の法則を忘れず、あまり細部にこだわらなければ、タロットの中に天使はちょうど四名いると見なせるし、方位や四季もうまく結びつけることができる。ここでの照応が気に入らないなら、自分に一番しっくりくる照応関係を見いだせばそれでいいことだ。

　ファンタジー系アニメやゲームなどのサブカルチャーでは、西洋や東洋の神格や怪物や英雄が節操もなくごちゃまぜで引用されている。賭博やゲームといった娯楽と関係の深いタロットもまた、体系的な厳密さなど後回しでいろいろなものを取り込んで成立してきたのだろう。

XV　悪魔

●山羊ではない、鹿だ

　この絵は魔女や悪魔崇拝者のサバトと呼ばれる夜会の光景らしい。タロットの悪魔というと、すぐに山羊頭のバフォメットということになる。小羊がキリスト教徒のシンボルなのに対して、山羊が異教徒や悪魔のシンボルとされることは多い。だが、そう決めつける前に、この絵の大悪魔の角をよく見よう。枝分かれした角が生えている。これは鹿の角ではなかろうか。山羊の角は、渦は

3　"grave 墓"『イメージシンボル事典』

巻けど枝分かれはしないものだ。

鹿は性的なシンボルらしい。野生の鹿は夜行性で一夫多妻。とても繁殖力が強く、ハーレムを作ったオスは一日数十回も交尾する。オスはメスをよく響く鳴き声で呼び集め、草食動物なので逃走しやすいように見晴らしのよい場所で交尾する。そうした姿を目にしていた農民や狩人たちは、鹿が「お盛んな動物」だと思っていただろう。

鹿の角は毎年生えかわる。薄皮で覆われている若い角は鹿茸という高価な漢方薬になり、男性の強壮・強精に効くとされる。

鹿の角を持った悪魔というとフルフル（Furfur）がいる。頭は鹿、上半身は人、下半身は鹿、尾は炎の蛇、背中にコウモリのような翼がある。ソロモンの霊72人の一人で、夫婦の愛をもたらしたり、うまく隠された秘密をあらわにしたり、稲妻と雷を起こすこともできるとされる。[1]

●夜に全裸で

6番（恋人）のキューピッドにも悪魔にも男性器が描かれていることはすでに述べた。この二枚に、セックスが暗示されているのは自明だろう。大悪魔の胸は盛り上がった乳房があるが、何だか付け胸のようにも見える。両性具有性や男女の性の歓びを強調しているのだろう。

小悪魔には獣耳と尻尾がある。猫耳少女や獣人キャラの草分けがここにある。悪魔たちは全員全裸の半獣半人だ。全裸の夜宴ですることといったら決まっている。半獣半人は人間という枠から少しはみ出している存在で、動物的な放縦さを持った人間ということだ。

民間信仰が息づく農村の祭りは、往々にして乱交や夜這いの場になったが、キリスト教会はそれを悪魔のサバトと呼んだ。

日本でも盆踊りや収穫の祭の夜が乱交の場になったほか、庚申講や稲荷講などでの堂籠もりも、時に男女交歓の場になったりしたという。[2]明治以降の国家神道の広がりとともに、そうした民俗信仰が淫祠邪教の類として否定された

1　フレッド・ゲティングズ　『悪魔の事典』　大瀧啓祐／訳　青土社　1992年
2　赤松啓介　『非常民の民俗文化 生活民俗と差別昔話』　ちくま学芸文庫　2006年

辺りは、西洋と似たところがある。ちなみに庚申塚の底部には、見ざる言わざる聞かざるの三猿が彫刻されているが、実はこれは女教皇の隠し絵のように、三つの女陰のダブルイメージになっている（図20）。サバトで起きたことは秘密で、見ざる言わざる聞かざるが暗黙の了解だ。

庚申塚・横浜市橘樹神社で筆者が撮影

　大悪魔の足下にあるのはコルドロン（cauldron）と呼ばれる魔女の大釜で、子宮を象徴するとされる。この大釜は創造のシンボルらしい。男女の秘薬はこの釜で混合され、やがて人の形をとり始めるのだろう。

3　"cauldron 大なべ"『イメージシンボル事典』

◉コウモリの翼

　コウモリの翼はずるさや、卑怯さ、夜と闇などを象徴する。悪魔もそういう存在ではなかろうか。イソップ物語の中にこんなおはなしがある。

　「昔、鳥族と獣族が戦っていた。コウモリは鳥族が優勢になると僕は鳥だよといって鳥族に加勢した。獣族が優勢になると僕は獣だよといって獣族に加勢した。鳥族と獣族に和平が訪れたとき、コウモリはどちらからも裏切り者として嫌われた。そのため洞窟に逃げこんで夜だけ活動するようになった。」

　教皇（5番）は公の奉仕や信念を説く者だが、悪魔（15番）は利己主義や打算を説く者だ。

　一桁の番号のカードとその数に十を加えた番号のカードには、対立する関係がある。それに対し、ゲマトリアで同じ数値のグループに属するカードには、共通する関係がある。

◉悪魔は冷たく乾いている

　この絵の悪魔のような、つり目の顔というのは悪人や怖い人を表す記号だ。悪人顔というのは肉食動物の怒った顔なのだ。この悪魔像の足と同じ足を持った妖魔の彫刻があり、『バーニーの浮彫』と呼ばれる（次ページ**図21**）。

　作られたのは紀元前1800年ごろ、これは恋人（6番）で説明したリリスの像だと言われているが、イナンナやイシュタルという説もある。このリリス像には鋭い爪を持った猛禽類（フクロウや鷲や鷹）の足がついていて、肉食獣であることを物語っている。マルセイユ版の悪魔の足はリリスのそれとそっくりだが、全身像が似ているわけではない。マルセイユ版の図像はいろいろなものに似ているが、それらのどれでもないというのも特徴だったりする。

　悪魔は恐怖の象徴だ。恐怖に直面すると心が凍りつく。恐怖を感じると背筋が冷たくなる。そんなわけで悪魔は冷たいという概念につながっている。たとえば「白い悪魔」と言うと冬将軍を意味している。ホラー映画で悪魔や悪霊が登場するときは、部屋の気温が下がり息が白くなる、といった描写もよく見うけられる。

XV　悪魔

図21

https://commons.wikimedia.org/wiki/File:British_Museum_Queen_of_the_Night.jpg
バーニーの浮彫, c. 1800 BCE - British Museum, ME 2003-7-18,1
猛禽類の爪のある足が悪魔の足と同じ

　また、悪魔は固まるという概念と結びついている。気温が氷点下まで下がると水は氷になり、空気中の水分も凍結し空気は乾燥する。低温低湿度では微生物も活動できないので腐敗も抑えられる。そんな環境では動物の死体や倒木が、カラカラのミイラのようになってしまう。時間が止まったように変化が止まる。ちなみに悪魔の象徴である山羊は水が嫌いな生き物で、乾燥した環境と乾燥した餌を好む。
　また、山羊はその髭から老人と関連づけられることもあるが、人間を含め、動物は老いるとみずみずしさを失う。皮膚がしわだらけになり、手足が節くれ

だち、関節が固まって自由に動かせなくなる。筋肉も落ちて体も冷えるように
なる。熱い血潮も純粋な涙も失われて、冷めて無感動になっていく。そのよう
な老化現象も、象徴的にいえば悪魔の冷たさと乾きにつながるものだ。

◉悪魔は死なない

　悪魔は魂を持たない。だから人と契約して、魂をもらい受けようとする。魂
がなく、もともと生きてはいないのだから、悪魔は死なない。物語に出てくる
悪魔を思い出そう。善なる力によって遠ざけられることはあっても、悪魔が死
ぬことはなく、またいつか帰ってくるものだ。エクソシスト（キリスト教の悪魔
祓い師）は「悪魔よ去れ」とは言うけれど「悪魔よ死ね」とは言わない。幼児に
大人気のアニメ『それいけ! アンパンマン』に登場するバイキンマン（悪魔）は
何度バイバイしてもまた戻ってくる。

◉デーモンとペンギン

　魂を持たない悪魔は機械に似ている。魂もなく感情もなく、周囲への畏れも
配慮もないからこそ、大胆に発想し、予断を持たずに観察し、精密な手順を間
違いなく実行し、何の忖度もない結論を下す。そして自然のままでは不可能な
ことを可能にし、人間たちに様々な欲望を叶えさせてくれる。科学技術の精神
の別名ともいえる。

　コンピュータは機械だが、言葉を話したり、検索したり、囲碁や将棋の対戦
相手になったり、歌う幻想の女まで作り出したりして、人を依存させてゆく。
人はコンピュータを使役しているつもりが、いつのまにやらコンピュータに管
理され、ゲーム中毒やネット中毒という形でコンピュータが紡ぎ出す幻想の虜
にされてしまう。しかしコンピュータは電子的な歯車によって動いている機械
にすぎず、魂を持っているわけではない。

　ウィンドウズ（Windows）よりずっと長い歴史のある、ユニックス（UNIX）とい
うコンピュータOSがある。それとほぼ同じ機能を有したリナックス（Linux）と
フリーBSD（Free BSD）の二種類のOSが現在も広く使われている。

　この二つにはマスコットキャラクターがいて、リナックスにはタックス（Tux）

XV　悪魔　　　　　157

というペンギンがいるし、フリーBSDにはBSDデーモンという小悪魔[4]がいる（図22）。

ユニックスは長年の改良作業によってバグが皆無に近く、その高い信頼性は「枯れている」と評される。からからに乾燥した寒冷地に見られる流木のように、腐りもせず石のように変化もせず、芸術的な完成の域に達しているというニュアンスで言われる言葉だ。そしてそれは、もはや大きな進化は起きないことも意味している。

ペンギンは進化の過程で空を飛ぶことをやめた。進化は行きつ戻りつはしないという。ペンギンに再び空を飛ぶ進化は起きないだろう。

ユニックスはコンピュータの専門家が使うことを前提に設計されていたので、万人向けのご家庭パソコンのOSに適応することはできなかった。そこでウィ[5]

図22

BSD Daemon
The BSD Daemon Copyright 1988 by Marshall Kirk McKusick and is used with permission.

Linux Tux
lewing@isc.tamu.edu Larry Ewing and The GIMP

4　BSDデーモン（daemon）は悪魔（demon）の古い綴り方で、古代ギリシアでいうところのダイモーンと同様に、善でも悪でもなく、守護天使、精霊、神霊を意味している。
https://www.freebsd.org/ja/copyright/daemon.html　（2018年3月15日閲覧）

5　クリフォード・ストール『インターネットはからっぽの洞窟』（倉骨彰／訳　草思社　1997年）の中で、AT&Tのベル研究所（UNIXの開発元）のビル・チェスウィクは、「UNIXは専門家のツールとして開発されたオペレーティングシステムなんだから。設定は難しいし、管理は悪夢に近い。最初から、じっちゃんばっちゃん向きには作られていないんだ」と言っている。

ンドウズが広く普及したのである。しかしユニックス系OSが滅んだわけではなく、それを必要とする分野では今でも盛んに使われている。悪魔は死なないのだ。

◉折れた剣の端を握って

マルセイユ版の悪魔は左手に、柄のない折れた両刃の剣を持っている。しかし、普通この悪魔は赤い炎が灯った松明を持っているものだ。マルセイユ版もよく見ると、線画としては炎が描かれている。しかし、**炎を翼の色と同じ青色で塗りつぶし、柄のない剣に見せている。**これはマルセイユ版固有の特徴だ。

悪魔のアイテムとしては松明が主流だろう。ウエイト版の悪魔も松明を持っている。松明には、次の世代に手渡される生命とか男根とか知恵のシンボルといった意味があり、それは6番（恋人）の象意にもマッチする。しかし男根はすでに悪魔像に直裁に描かれているし、悪魔が知恵者なのは当たり前で、松明で象徴するまでもないことだ。マルセイユ版では、意味の重複となる松明を悪魔に持たせることをやめて、折れた剣に改変したのではないかと筆者は思う。

ただしこれが本当に折れた剣なのかはわからない。クリスタルの剣とか氷柱とか青い炎の松明とか他のものに言い換えることは簡単だが、筆者は折れた剣と解釈し、その理由を説明することにしよう。

“剣は折れた。だが私は折れた剣の端を握ってあくまで戦うつもりだ。”

これはフランスの陸軍軍人にして第18代大統領シャルル・ド・ゴール（1890～1970）の言葉だ。

「鉄は熱いうちに打て」という格言は人は若いうちによい教育を施して鍛えよという意味だが、鉄が冷え切ってしまえばもはや変化はできなくなる。剣として作られたのなら、剣としての一生をまっとうするしかない。時代遅れになったり、過去に築いてきたものが不可抗力的に崩れてしまったりしたとき、つまり剣が折れてしまったとしても、それでも人生は続いていく。もはや進化できない冷え固まった悪魔のアイテムとして、折れた剣はふさわしいのではなかろうか。

XV　悪魔

●逃げないのか、逃げられないのか

　二人の小悪魔はロープで大釜につながれているようだ。これが鎖でつながれているなら逃げ出すことは不可能だろう。しかしロープなら解いて逃げることができるかもしれない。ところが小悪魔二人は両手を後ろにまわしている。もし両手を縛られていたなら逃げ出せないだろう。両手が自由なら逃げ出せるだろう。さて、どっちなのだろう。

　恋愛は悪魔の誘惑にも似ている。男女が抗しがたい魅惑を感じてしまい、たがいに虜になってしまう。あるいは共依存の関係になって、別れたくても別れられなくなったりもする。悪魔は縛りをかける存在だ。

　タバコや酒やドラッグは恋人にもたとえられる。ドラッグのクイーンといえばヘロインのことだが、ドラッグのキングというのはあまり聞かない。麻薬は女性的なものなのだ。悪魔の誘惑のように、中毒になると気持ちよくて抜け出すことが難しい。彼女のように、いなくなるとさびしい。誰が強制しているわけではないのだから本人がやめようと思えばいいというのは理屈にすぎず、中毒者はやめようとしてもやめられない。

　小悪魔の両足に注目すると、まるで木の根のようになっている。寒い日の炬燵からは出る気がしないが、そんなとき、「尻に根がはえた」などと言ったりする。

　悪魔的快楽に溺れることばかり話したが、悪魔は冷え切って固まって変化しないことから、不快な腐れ縁や利害だけで繋がっている家族、互いに監視しあう村社会や、犯罪者集団といった、簡単に縁が切れない（足抜けできない）関係も表している。また、悪魔は老いて乾いていて柔軟さがないが、人は精神が老いると新しいことを取り入れられなくなり、旧来の習慣を機械のように繰り返すだけになる。

　小悪魔たちは自分の意志では動けないのかもしれないし、動けるのかもしれない。おそらく両方の意味が同居しているのだろう。中毒、習慣、怠惰、共依存、恐怖など、色々な理由があるだろうが、それらをやめられる人もいれば、やめられない人もいるというだけのことだ。

●悪魔は正直者

基本的に悪魔は正直者で、悪魔との契約に嘘はないものだ。読むのが嫌になる微細な文字で何十ページもびっしり契約内容が書かれていたりするが、必要なことはみな網羅されているものだ。そういう契約書を出されたら、相手は悪魔的な輩だと思って隅々まで慎重に目を通すようにしよう。悪魔は嘘はつかないが、不用心な者は「だまされた！」と怒り狂うことになる。

ちなみに、前述した悪魔フルフルは「いつも嘘を言う」のだが、それなら質問の出し方次第でいつも本当のことを聞き出せることになる。

聖書の世界観ではヘビはサタンということになっている。創世記第三章には、蛇の話を聞いて、アダムとエバが神から禁止されていた知恵の木の果実を食べてしまうおはなしがある。

「死んではいけないから、それを食べてはいけない」と神は二人に告げていたのだが、ヘビはエバに、「食べても決して死なないし目が開けて賢くなって神様みたいに善悪もわかるようになる」と告げる。

禁断の果実を食べると、二人は裸であることに気づいて無花果の葉というもっとも原始的なパンツを穿き、裸の猿から脱して人間の道を歩み始めた。二人は禁断の果実を食べても死ななかった。

神が詰問するとエバは「ヘビがあたしをだましたのです」と言い訳をしたが、食べたら死ぬぞとだましていたのは神だし、ヘビは禁断の果実がもつ効能を語っただけで、食べるよう勧めたりはしていない。そして果実を食べたエバには、アダムを共犯にした上にヘビに責任転嫁する悪知恵までついた。嘘つきなのは神（1番・詐欺師）とエバだ。

XVI　神の家

●はしごを天使が上り降り

聖書の中には「神の家」という言葉が出てくる章が多数ある。最初に出現す

図23

『ヤコブの夢』 Le Songe de Jacob
Nicolas Dipre／作　15世紀の作品

るのは創世記28章にある『ヤコブのはしご[1]』の話だ。

　ヤコブという若い男が旅で野宿をしたとき夢を見る。地上から天にまで届くはしごが立っていて、そのはしごを天使が上ったり降りたりしていた（図23）。主の声がして「このあたりの土地をおまえにやる、子々孫々ずっと祝福してやろう」というようなことを言われる。ヤコブは目を覚まして言った。

　"「まことに主がこの場所におられるのに、わたしは知らなかった。」そして、恐れおののいて言った。「ここは、なんと畏れ多い場所だろう。これはまさし

1　口語訳聖書では「はしご」と表現されているが、新共同訳では階段と表現されている。

く神の家である。そうだ、ここは天の門だ。」

　ヤコブは次の朝早く起きて、枕にしていた石を取り、それを記念碑として立て、先端に油を注いで、その場所をベテル（神の家）と名付けた。[2]"

　だから神の家とは、神がいる場所や天国への入口を意味している。

　また新約聖書の中では、キリスト教会のことを意味している。

　"神の家とは、真理の柱であり土台である生ける神の教会です。[3]"

◉神の家は病院

　神の家には病院の意味もある。古代ギリシアでは神殿が病院の一種として機能していたといわれるし、日本では聖徳太子が四天王寺を建立した際に、病人を収容する施設を併設したという伝承がある。[4]洋の東西を問わず、病の苦しみは宗教や祈りに結びつくものだ。近代医学が発達する前は、まじないや祈りも医療行為だった。疫病が流行れば、それを鎮めるために教皇が行列して町をねり歩いたり、天皇が大仏を鋳造させたりした。

　キリスト教会と病院は縁が深い。修道会が神への奉仕として貧民や病人の世話を始めたのが、医療看護のルーツとされる。教皇の項で触れた聖ヨハネ騎士修道会も、元はといえば旅籠兼病院からスタートしている。

　初期キリスト教では殉教者の埋葬地を中心に聖堂が建立されたが、やがてそうした聖人の遺骸や遺物が奇跡をもたらすとされて信仰を集め、治癒を求めて病人が集まってくる。現代でも、ロールプレイングゲームの中に出てくる教会で死に至る呪いを解いてもらったりしているはずだ。教会は癒やしの場所だ。

　しかし、病院は監獄にも似ている。病院は怪我や病気を治す場所だが治るまで出ていけないし、生活を厳しく管理される。病気の性質によっては完全に隔離され、一生外に出られなくなることもある。

　近代医学が発達するまでは、ハンセン病や精神病などの患者が強制的に収容

2　『創世記（28:16-19）』　旧約聖書　新共同訳
3　『テモテへの手紙一（3:15）』　新約聖書　新共同訳
4　福永肇　『日本病院史』　ピラールプレス　2014年

されていた病院は、ひたすらに神への祈りを捧げさせられたあげく、恩寵によって奇跡的に治癒するか死んで昇天して出ていくしかないという、棄民の場所だった。見るからに絶望的な神の家の図像は、地上的な意味での救いは望めず、天の神しか救いようがない局面を象徴している。

●監獄建築パノプティコン

このカードは「神の家」の他に、「破壊の塔」とか、ただ単に「塔」とも呼ばれる。確かに家というよりは塔に見える。

イギリスの観光名所でロンドン塔という建築物がある。石で作られた城で、要塞、宮殿、武器庫、造幣局、天文台、動物園、監獄、処刑場として使われた歴史がある。一見、様々な用途のある建築に思えるが、要は見張り台兼用で入るのも出るのも難しい、守りの堅い建築物だ。

イギリスの功利主義者ベンサムが考案した「一望監視施設（パノプティコン）」という監獄建築がある。高い監視塔の周囲を因人の収容施設が円形に取り巻くもので、監視塔からは常にまぶしい光線が出ていて、塔の中の看守から因人の姿は丸見えだが、因人からは監視者の姿は見えない。そのため因人は監視の目を常に意識させられ、やがて内面化するようになる。[5] 実際にいま監視されているかとは関係なく、「見られているかも」と心理的な縛りが効くようになるのだ。

塔は見晴らし台であるとともに監視塔でもあって、それは人を管理し支配する力の象徴として、王の力（4番）と関連するものだ。

●塔あるところに戦いあり

聖書の中で塔という言葉が出現するとき、たいがいは戦争や防衛のことが書かれている。侵略を受けた町の人々が塔に逃げ込んで応戦したとか、多数の兵士が逃げ込んだ塔に火をかけて焼き払ったとか、塔あるところに戦いありだ。

このカードと対になるのは7番（戦車）だ。戦では城に籠城して持久戦をしたり、城を落とすために火攻めにしたりする。戦争のときは、捕虜を閉じ込めて

5　ミシェル・フーコー　『監獄の誕生』　田村俶／訳　新潮社　1977年

おく監獄や、負傷者を収容する野戦病院も必要だ。狭い場所に閉じ込められたり閉じこもったりと、過酷な状況を16番は表している。

戦車は馬車で、この馬車は家族の寓意であり、人間存在の寓意でもあった。戦車は家で、神の家も家だ。この塔は高いところに窓があるだけで入口はない。死ぬ気で飛び降りるか外から破壊されるかしないと出られない。プラトンは「肉体は魂の牢獄」と考えたが、この塔は人体の暗示かもしれない。塔の石積みの構造も、細胞の集合である人体に通じている。人体という塔が破壊されること、すなわち命の危機だ。

戦場の兵士たちは、命を賭けることを求められる。逃げ場のない戦場で、槍で突き合うのも、銃で撃ち合うのも、実際にその状況に直面すれば心底恐ろしいことだろう。敵前逃亡すれば味方からも殺されてしまう。生きるか死ぬか二つに一つという絶体絶命の恐怖を、この絵は表しているのではなかろうか。

しかし、そのような極限状態の中で、人は神に出会ったり、ある種の悟りを得たり、特殊技能を身につけたりすることもある。この塔は錬金術の釜だとも言われる。混合された金属が熱によって融合し、優れた特性を持った合金に生まれ変わるように、生か死かの試練という象徴的な熱が加わることで、魂に変容が起きることを暗示しているのかもしれない。

◉有名になりたぁい!

このカードはバベルの塔と関連づけられることが多い。バベルの塔を建てようとした人々の目的は「有名になること」だった。

"彼らは、「さあ、天まで届く塔のある町を建て、有名になろう。そして、全地に散らされることのないようにしよう」と言った。"

東京スカイツリー建設の動機も世界一高い塔を建て、世界的に有名な観光名所になることだった。世界一や全国一を目指した超高層ビルの建設競争もよくある話だ。巨大な高層建築は城下町のように領民や入居者としての誇りや一体感も育てる。皆が出ていってしまう閑散とした（散ってしまう）町より、皆が

---

6 『創世記 (11:4)』 旧約聖書 新共同訳

集まってくる街にしたいと願うのは当然のことだが、塔の建設には名声を欲する意思が働いているようだ。街の繁栄を誇示したり後世まで伝えようとする意思だ。この点は、家名を上げようとする7番（戦車）の衝動と似ている。

　7番（戦車）は、所帯をかまえて労働の日々を始めることを意味していた。切磋琢磨して自分を高め、ひとかどの者になろうとするサイクルだ。一人前の職人になりたいとか、有名なアイドルになりたいとか、何らかの分野で名を上げるとかいうことは、実績というレンガを一つ一つ積み上げて16番のような高い塔を築いていく行為にもたとえられる。だから、この塔は強固な人格の砦とも考えられる。

　しかし、神はバベルの塔を見て、人々が大きな力を行使できることをよしとせず、言葉の壁を作って人々の意思疎通を不能にし、塔の建設を中止に追い込んでしまった。

　高く登り詰めれば、どこかで打ち切りがやってくることを、バベルの塔の物語は暗示している。レンガを無限に高く積み上げることはできず、やがては塔の建設は挫折して、自らの限界を知ることになる。戦争でも無限に領土を拡大することはできないし、企業も人も無限に大きくなり続けはしない。国にも経済にも成長の限界がある。戦いに振り向けられるエネルギーには限りがあり、永久に戦い続けることはできない。どこかで終戦を迎えるものだ。強固な鎧は脱ぎ捨てられ、17番（星）では全裸の娘の登場となる。

●三つ窓の塔と聖女バルバラ伝説

　三つの窓が描かれた特徴的な塔は、キリスト教の守護聖人の聖バルバラと関係するものだろう。バルバラは処女聖人なので2番（女教皇）のキャラクターだ。十四救難聖人の一人で、不慮の事故や発熱や急死から守ってくれるとされる。ヨーロッパでは、砲手、鉱夫、消防士などの守護聖人で、特に鉱山や山地の工事に従事する人々の間では熱烈に崇敬されているという。[7]　しかし、史実性が乏しいとして、ローマ・カトリックでは教会暦の聖人の祭日から削除されてい

7　植田重雄　『守護聖者　人になれなかった神々』　中公新書　1991年

る。女教皇は存在が不確かなものだ。

彼女のイコン（聖画像）は「三つの窓がある塔」と共に描かれる（図24）。それに加えて、雷火、大砲と砲弾、王冠、本、剣、聖杯と聖餅などがオプションでつく。

バルバラは異教徒の裕福な大地主の娘だった。彼女の父（4番）は美しい娘に

図24

『聖バルバラの殉教』
バルバラとその首をはねる父親。三つ窓の塔。後方に雷火に打たれて燃える父親の姿がある。
V0031660 Martyrdom of Saint Barbara. Engraving by Wierix after Jan va
Credit: Wellcome Library, London. Wellcome Images images@wellcome.ac.uk
http://wellcomeimages.org Martyrdom of Saint Barbara.
Engraving by Wierix after Jan van der Straet. Published: -
Copyrighted work available under Creative Commons Attribution only licence CC BY 4.0
http://creativecommons.org/licenses/by/4.0/

XVI　神の家　　　　　　　167

悪い虫がつかないよう侍女をつけて高い塔の中に軟禁し、自分の眼鏡にかなう求婚者たちと結婚させようとしたが、彼女はすべて拒否し続けていた。

バルバラは塔で暮らすうち、キリスト教徒だった侍女に感化され、密かにキリスト教の洗礼を望むようになった。そして職人たちに命じて、塔の中の浴室に三つの窓を作らせ、父に言った。

「三つの窓は父と子と聖霊の三位一体の象徴なの。三つの窓があってはじめて人間には光が入ってくるのよ。あたしをこんな塔に閉じ込めても、イエス様はあたしに光をもたらしてくれるの。この浴室はあたしがキリスト教徒になるための洗礼の部屋よ!」

父親は激怒し剣を抜くとバルバラに振り下ろした。すると彼女のそばにあった大きな岩が二つに割れ、その中に彼女を包み込んで守った。この逸話が、バルバラが鉱山労働者を落石や爆発の危険から守ってくれるとされる由縁だ。

父親は娘を総督(5番)に引き渡した。総督はバルバラが改宗を拒否すると、鞭や火で残酷な拷問を加えたが、バルバラは屈しなかった。2番(女教皇)は11番(女力士)のように精神においては(時には肉体的にも)屈強なのだ。

牢獄で彼女が祈ると光が射し込み、イエス・キリストが現れて彼女を励まし安寧を約束してくれた。女教皇(2番)は神を呼ぶ祈りの力(20番・審判)を持っているのだ。

最終的に、バルバラはヘリオポリス(太陽の町)で父親自らの手で斬首され殉教した。これによって彼女は2番(処女)のまま聖人の列に加わり、永遠の命に至った。太陽の町という名の土地で殉教するのが、いかにも寓話的だ。彼女はキリスト(太陽)に至ったわけだ。

殉教の日は12月4日とされバルバラの記念日となっている。偶然にも 12 + 4 = 16 だ。殉教した聖人(12番)と残酷な父(4番)の物語。

父親は娘の首をはねた後、雷火に打たれて燃え上がり灰燼に帰した。頑固な父と娘、二つのぶつかり合う力が、対消滅でもしたかのようだ。

16番(塔)の図像はバルバラ伝説との強い関連性を見て取れるが、それは、バルバラ伝説にマッチするものに改変された結果かもしれない。タロットがイタリアからフランスに入ったとき、フランス人が聖バルバラ伝説と結びつけ、

16番を「神の家」と呼ぶようになったと言われる。「塔」は伝統的に聖バルバラと結びつけられていたからだ。

◉浮遊する丸いつぶ

塔の周囲に浮遊している丸いつぶつぶはなんだろうか。月（18番）や太陽（19番）には水滴マークが描かれているが、これは真円なので、水滴マークのそれとは異質なものだと考えられる。

バルバラのイコンと伝説にちなんで、砲弾とか雪というのもありだろう。殉教日の12月4日に雪が降ると「白い衣のバルバラ」と呼ばれ、農民は来年は豊作になると喜んだという。

ほかにも雹とか火山弾とか隕石とか、天の炎で撃たれて飛び散る瓦礫や火の粉とか、想像は膨らむ。7番と16番は戦いや労働を意味するので、その対価となるお金（コイン）が空から降ってくるというのもありかもしれない。

ちょっと変わった解釈として、食べものが降っているというのもありではないかと筆者は思っている。バルバラのイコンによく描かれる聖餅（ホスチア）が降っているのかもしれない。ホスチアは丸いウエハースのようなもので、キリストの肉の象徴と見なされる。旧約聖書の『出エジプト記』第16章では、荒れ野で飢えに苦しんでいるイスラエルの民に、神がマナという食べものを天から降らせたとある。これは16という章番号だけを根拠に指摘しているのではない。大アルカナは『出エジプト記』の第1章から第21章までと照応しているのだ。詳しくは、大アルカナの解説をすべて終えたあとで解説しよう。

◉雷は神の権能

塔のカードは、しばしば塔に雷が落ちている絵で描かれる。真っ暗な雲の中で、雷鳴がゴロゴロと轟き、稲妻がピカッと閃き、高い木や塔に落ちて一瞬で焼き焦がす。巨大スピーカーもストロボフラッシュもなかった時代には、強烈なインパクトがあっただろう。

8　Mary Packard　『TAROT DE MARSEILLE』　Race Point Publishing, 2015

古代ギリシアのゼウスや北欧神話のトール、モーセに語りかけた神など、雷を強大な神の力の顕現と見なす文化は多い。落雷死は神の怒りによる天罰ともされた。8番（裁判官）は人が裁いて罰を下し、16番は神が裁きと罰を下す。

●平方根と平方数

ある数とそれを自乗した数のカードの象徴を比較すると、二次元が三次元になるかのように、もとのカードの意味を超越するような関係性が読み取れる。

大アルカナの中には、以下の四つの組み合わせがある。

☆ $2^2 = 4$

2は線分を意味する。二つの点で線分を表現できるからだ。しかしユークリッド幾何学では「線とは幅のない長さである」とされているので、想像することはできても、そういう線を実際に描くことはできない。そこから2番（女教皇）は、純粋理論や概念といった意味を持つ。4は立体を意味する。四つの頂点から四面体が構成できるからだ。立体ならば実際に手に取ることができる。ここから4番（皇帝）は確かな現実（リアル）、物質としての実在という意味を持つ。実在せず触れられないという女教皇の限界を越える。

☆ $3^2 = 9$

3番（女帝）は妊婦の姿によって、物質的肉体的な遺伝子（ジーン gene）の継承を暗示している。子供に遺伝子を残し衣食住を与えることによって、肉体的特性や自文化を次世代に伝播・継承していくのだ。しかし実際に女性が子供を産める数には身体的に限界がある。それに対して、平方数の9番（隠者）は生殖期間を終えた老人の姿によって、思想や文化といった情報遺伝子（ミーム meme）の継承を暗示している。講義や本といった手段を用いることで、自分の宿した思想や自文化を次世代にも伝播・継承させるのだ。しかも死んで数百年後や遠く離れた地域でさえも、自分の思想が伝えられることが可能だ。ここでは、3番（女帝）の肉体的な限界や同時代性という制約が越えられている。

☆ $4^2 = 16$

4番（皇帝）は地上の王であり、権力が及ぶのは自分の王国内だけだ。そして王にも寿命があり、やがて来る死からは逃れられない。それに対して、16番（塔）

では王冠を載せた塔が雷に破壊されており、王の力を上回る天上の力が顕現している。ここで言う天上の力とは、天罰を下す人格神ではなく、人間には逆らいがたい自然の巨大な力のことだ。天災は人が決めた国境などにはお構いなしに力を振るうのだ。

XVII　星

◉髪は切ってもまた生える

　星の娘は大アルカナの中で唯一、肩より長く伸ばし放題の豊かな髪を持っている。髪は切ってもまた生えてくる。またこの絵には葉を茂らせている植物が描かれており、よく見ると枝が切断された痕がある。娘の長い髪も、植物も、たとえ切られても成長を続けるという自然界と生命の回復力を暗示している。

　16番は戦争や大災害、かまどで加熱されるような試練を暗示していたが、17番ではそれが終わって夜となって冷やされ、破壊されたものもまた少しずつ回復し始める。山火事が起きて人の手で消せない大火事になったとしても、いつかは燃やし尽くして鎮火し、生態系が再生する。そうした自然界の回復力をこの絵は表している。

　8番は裁判官だが、裁判は対立する両者のわだかまりを調停し平和を回復するために行われる。8番も17番も回復することがテーマになっている。

　8番の天秤は釣り合いを量る道具であり重力を利用した道具だが、星もまた引力で互いに引き合って釣り合いを保ちつつ慣性運動している。

　星空の下、この娘はなにをやっているのだろうか。水辺ですることといえば水くみとか洗濯とか釣りなどが考えられるが、娘は全裸だし釣り道具もなければ洗濯物もない。持っているのは二つの水差しだが、これは水くみをしているのではなく、水を捨てているようだ。

◉裸の娘の雨乞い儀式

　金枝篇では、若い娘が裸体になり村の境まで行って地面に水を注ぐと雨が降

るとか、夜に裸の女が鋤を引きずって畑をよぎると雨が降るとかいった伝承が紹介されている[1]。夜と裸の娘は、雨乞いと関係があるらしい。だから星の娘は雨乞いの儀式をやっているようにも考えられる。農耕と星は関係が深い。日本でもプレアデス（昴）やオリオンの位置によって、そばや麦の種まきの日取りを決めていた[2]。

しかし樹木が茂る大きな水辺は、日照りの干ばつを描いているようには見えない。娘は右手の水差しの水を河に捨て、左手の水差しの水は陸地に捨てて、わざわざ右足で二つの流れが混ざり合わないように隔てている。雨乞いとは別の意図がありそうだ。

●天の時間と地の時間

節制（14番）の天使は、形の異なる赤と青の水差しを持っていた。しかし星の娘は、左右とも赤い同じ水差しを持っていて、左右が同じ条件であり同量の水が入ることを示している。

水差しから河に注がれた水は、最短でその源に帰る。大地に注がれた水は、高きより低きに流れ、やがて源に戻るだろう。左右二つの流れは、娘の足の先一つ分だけだが、源に帰る時間に差が出てくる。

同形の二つの水差しに同量の水が入っていて、同じ高さから二つ同時に注ぎ始めて、陸地に注がれた水のほうは源に戻るのに少し時間がかかる。これは二つの水時計のようなものではなかろうか。

星の歩みはとても正確だ。星を観測すれば時刻を測れる。季節もわかる。地上における自分の位置までも知ることができる。

"星はどんな星でも、毎日前の日より4分ずつ、はやくのぼりしずみする"[3]

一日は24時間だが、星は北極星のまわりを23時間56分で一周する。これがもしどちらも24時間で一周するようにできていたとしたら、毎日同じ時刻に

---

1 "五章 二 降雨の呪術的調節" 『金枝篇』 第一巻
2 "星座と蕎麦の蒔きとき" 大阪・上方の蕎麦 http://www.eonet.ne.jp/~sobakiri/9-5.html （2018年1月1日閲覧）
3 H. A. レイ『星座を見つけよう』 草下英明／訳 福音館書店 1969年 p48 （福音館の科学シリーズ）

同じ星空が見えることになるのだが、4分の差があるから星空の回転は毎日少しずつずれていく。一ヶ月たつと4×30＝120分ずれる。12ヶ月たつと120×12＝1440÷60＝24時間ずれて同じ位置に戻る。つまり一年たつと同じ時刻に同じ星空が戻ってくる。

　星の娘の二つの水差しは、天の時間と地の時間にずれがあることを示しているのだ。河に注いでいる水差しは天の時間（天文学では恒星時のこと）、陸地に注いでいるほうは地の時間を表している。星の娘は生まれたままの自然な姿で、地上の母なる自然と天の宇宙的自然とその両方の時間を象徴しているのだ。

　星は時を告げる。古くから伝わっている資料の中に、日食や月食、ときおり出現する超新星爆発、占星術師が残したホロスコープなど、様々な天象が記録されている。その記録から逆算することで、その資料がいつごろ書かれたのかをかなり正確に特定することができる。星は過去の時間を教えてくれる。それは星が時計のように正確に運動しているからだ。

●コンパスマークと星の海

　星の娘の頭上に輝く大きな八芒星はコンパス・マークといって、昔から海と縁が深い図形だ。名前の通りに方位を象徴するシンボルで、海上保安庁の紋章にもなっている。横浜の港に行けば、このマークを煙突につけた海保の船を見ることができる。隊員たちの階級章にもこの星が使われている（図25）。

　港から十キロも離れたら、もう陸地は船から見えない。その昔、遠洋航海する船は自分のいる位置を星や太陽を観測することで求めていた。などというと読者の頭の中には、星空の下を航海する帆船のイメージが思い浮かぶかもしれない。

図25

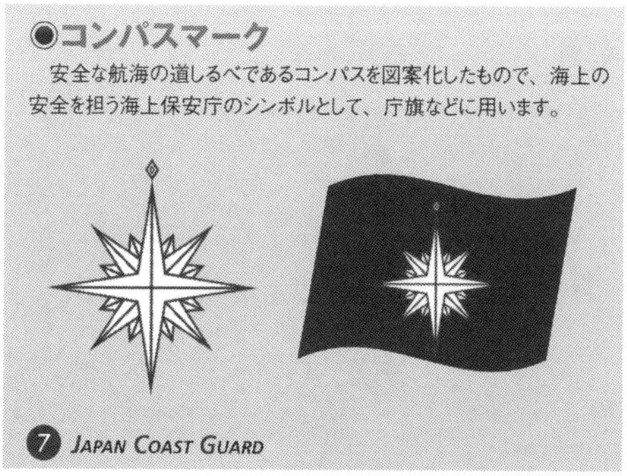

http://www.kaiho.mlit.go.jp/jpam.pdf
海上保安庁のパンフレット（平成28年3月作成）より

しかし第二次大戦の頃でも、軍艦は星の位置を観測することで自艦のいる緯度と経度を算出していた。これを天測航法と言う。

船の上から六分儀という観測機器で二つの天体（太陽・月・明るい恒星のどれか）の高度（仰角）を測り、正確な時刻、天体の赤道座標（海保発行の天測暦という辞書でわかる）、船の移動速度、進行方位などのパラメーターを集め、計算表にそれらを書き込んで所定の手続きに従って計算すれば、船の位置が求まる。かなり複雑な計算で、手計算で間違えずに計算できるようになるには熟練が必要だ。しかも船は動いているので、素早く計算できないと意味がない。

今となってはGPS（全地球測位システム Global Positioning System）があるため天測航法が使われることはまずないのだが、自衛隊の潜水艦は今でも潜望鏡深度から天測できるようになっているという。[4] 有事において、GPS衛星やビーコン（電波灯台）が破壊されたり、ジャミング（通信妨害）されたり、という事態は当然ありうることだ。全面核戦争など地球規模の破壊の後も潜水艦の隠密行動は続くだろう。そのとき最後に頼りになるのは、星と月と太陽を見て、そこから自艦のいる位置を知ることができる叡智ということだ。

星の世界は遠すぎて手が届かない。数学でのみ接近できるといっても過言ではない。数学は自然科学の女王と言われる。数学は女神様の縄張りだ。だから星のカードにうら若き娘が登場する。地球の海も宇宙の海も数学も、女神様のテリトリーなのだ。

●星はなんでも知っている

自然科学が発達していない時代、超新星の爆発、突然飛来する彗星、日食や月食、星座の季節ごとの移ろいは、天からのメッセージであり、それは天文学者や占星術師による解読を必要とする異言語や暗号だった。西洋占星術も星からのサインを読み取ればなんでもわかるという信仰あってのものだろう。

ところでCIA（米国中央情報局）の紋章にもコンパスマークが描かれている（図26）。ホームページのキッズコーナーにCIAの紋章の意味が説明されている。

---

4 暦算研究会 井上圭典, 鈴木邦裕 『天体位置略算式の解説』 海文堂 1991年 p50

"コンパスマークは我々のインテリジェンス、つまり諜報活動が全世界に及ぶことを表していて、それが防御の象徴である盾の上に置かれています。我々は米国防衛の助けとなるために情報を収集しています"

CIAは世界中（四方八方）に伸びるタコのように長い手を持っている。米国が全世界のあらゆる通信（電話、無線、ネット等）をすべて盗聴し記録しており、後から必要に応じて検索し調べることができるシステムを運用

図26

米国中央情報局CIAの紋章

していることを、元CIA職員のエドワード・スノーデンが暴露した。これは陰謀論ではなく現実だ。日本の古い歌謡曲にもあるように、夕べあの娘が泣いた理由まで『星はなんでも知っている』のだ。

マルセイユ版の八芒星は蛸が八本の足を開いて泳ぐ様を後ろから見たような形である。昔、蛸のような火星人が想像されたのも、蛸がどこか宇宙的なデザインだからだろう。ところで八本足のタコと全裸の娘はこれまた奥深い相関性がある。葛飾北斎の浮世絵を見てほしい（次ページ図27）。人ならざる者とのコンタクトだ。宇宙と星と海と八芒星と全裸の娘とタコと触手系とCIAと宇宙人は象徴的に皆近縁なのだ（笑）。

●金星・シリウス・北極星

このカードの八芒星は金星だとかシリウスだとか北極星だと言われる。大きな八芒星は空で一番明るい星だと考えられる。

5　"The CIA Seal"　CIA（中央情報局）　https://www.cia.gov/kids-page/k-5th-grade/the-cia-seal　（2018年3月15日閲覧）

6　"アメリカに監視される日本　～スノーデン"未公開ファイル"の衝撃～"　NHKクローズアップ現代＋　https://www.nhk.or.jp/gendai/articles/3965/　（2017年11月10日閲覧）

7　『星はなんでも知っている』　平尾昌章／歌　水島哲／作詞　津々美洋／作曲　1958年

XVII 星

図27

「喜能會之故眞通　蛸と海女」
葛飾北斎の版画

　夜空で一番明るい星は、マイナス4.7等星の金星だ。また全裸の若い女性は美の女神ヴィーナスの姿であり典型的な金星のシンボルだ。では周囲の七つの小さな星々は、残りの惑星なのだろうか。八芒星の周囲の星が七つなのはマルセイユ版に先立つノブレ版もマドニエ版も同じだが、そのころ惑星は土星までしか知られていなかった。西洋占星術では太陽と月も惑星と見なすが、夜空の星が描かれている絵に太陽と月をこじつけるのも無理がある。

　夜空で一番明るい恒星は、おおいぬ座α星であるシリウスでマイナス1.47等星。エジプト紀の初期、キリスト紀元前三〜四千年の昔には、夏至の頃、日の出前に東の地平線にシリウスが昇ってくる頃になると、ナイル川の増水が始まった。[8]古代エジプトでは女神イーシスの星とされていた。イーシスは「千の名をもつ者」とも呼ばれ、多くの属性をもっていて「〜の女神」というように形容

8　"第三十九章　オシーリス典礼"『金枝篇』第三巻

することが難しいのだが、代表的なところでは穀物の女神とされる。ローマではケレス、ギリシアではデーメーテールと呼ばれたが、どれも穀物女神だ。ここでも農耕と星の関係の深さが感じられる。古代エジプトのすべての神殿は中室からシリウスが昇ってくるのを見ることができるように設計されていたという。では周囲の七つの星は、おおいぬ座を構成する他の星々なのだろうか。おおいぬ座を構成している明るい星はシリウスも入れて9個ほどだが、他にもたくさんあって、どのあたりで線引きするかという問題になる。そもそもカードの作者に具体的な天体名を伝えたいという意思があったのなら、おおいぬ座の形に星を並べるとか、もっとそれとわかるように描くのではあるまいか。

コンパスマークは名前のごとく方位を象徴する。北を教えてくれる星は北極星だ。北極星のまわりを回っている七つ星といえば北斗七星。これが一番素直な解釈ではないかと筆者は思う。

しかし、意味を決めつける必要はない。色々な天体を想像できるよう抽象的に描かれた星の象徴なのだ。

●二つのものが一つに見える

このカードの大きな星を八芒星と言ったが、実際には八芒星が二つ重なって十六芒星になっている。これについて、興味深い事実がある。この星が象徴する北極星とシリウスはどちらも連星なのだ。

北極星は肉眼では一つに見えるが望遠鏡でみると二つに見える。主星をポラリスA、それに伴う伴星はポラリスBという。ポラリスBは1780年に発見された。1929年にさらに三つ目のポラリスAbが見つかり、ポラリスは三連星ということになったのだが、これは比較的最近の出来事なので、長くは二連星とされてきた。シリウスも連星でシリウスAとBがある。八芒星の二枚重ねは連星を暗示しているかのようだ。

この絵の八芒星は三重になっていると見ることもできる。まず四本の直線がクロスした星、その星の頂天を結んだ黄色の八芒星、その背後にある赤色の八

9　"第四十一章　イーシス"　『金枝篇』　第三巻
10　鈴木駿太郎　『星の事典』　恒星社厚生閣　1988年

芒星、これで三重だ。

星のカードを見なければ、北極星とシリウスを並べて比較することはなかったはずだ。候補に挙がった北極星とシリウスは長年どちらも二連星と思われてきた。二枚重ねの八芒星はそれをうまく象徴している。

ところが技術の進歩で北極星が三連星であることがわかった。前述したように見ようによってはカードの八芒星は三連星と解釈できる。シリウスはどうなのだろうと調べると、これまた三連星だという研究者がいたりする。もちろん現在のところそれは事実ではない。しかし物語的なシンクロニシティが二つの星に働いているのはわかる。時にはそれが現実にまで及んでいたりもする。実際、二連星というところまでは現実だったのだ。

タロットの象徴は不思議なものだ。ペンギンとデーモンが悪魔（15番）に集約されたり、シリウスと北極星が星のカードに集約されたりと、タロットを通じて二つのものが一つに見える。「分かる」とは読んで字のごとく、一つのものが二つに分かれて見えることを言う。二つのものが一つに見えるとき、人はそれを「悟る」という。[11]

● 渡り鳥とパンスペルミア仮説

星の娘の左側の木には鳥がいる。これは渡り鳥だろう。

星がめぐり季節を告げるように、惑星が一定の周期で同じ位置に回帰するように、渡り鳥も季節の移り変わりとともに住処を変え、遠く離れた土地を周期的に往来する。

渡り鳥は昼に渡る鳥と夜に渡る鳥がいて、夜に渡る鳥の中には北極星とその周辺の星座で方向を識別する鳥がいる。昼に渡る鳥は太陽を見て方向を識別しているという。[12]

ノブレ版やマドニエ版にも見られる、二重もしくは三重の八芒星はかなり古い時代からあって、当時の図像発案者が連星の存在を知った上でデザインした

---

11 10年以上前、どこかのサイトで読んだ言葉だが、今それを見つけることはできなかった。
12 中村 司 『渡り鳥の世界 渡りの科学入門』 山梨日日新聞社 2012年 （山日ライブラリー）

のかはわからない。渡り鳥が星を見て海を渡ることや、天球の時間と地上の時間に差があることを知っていたのかどうかもわからない。こういうことは現代の人でも、知っている人はそんなに多くはないだろう。しかしタロットのシンボルと森羅万象との間に文化圏や時代を越えて奇妙な相関性が見られるのは、これまでも見てきた通りだ。

こんどは鳥がとまっている木に注目しよう。枝が切られているが、それでも残された枝は元気に葉を茂らせている。挿し木[13]によって植林された木のようにも見える。これは人の手を介して異国の動植物が海を渡り、新しい土地で繁殖することを表しているのかもしれない。魚の卵が鳥の足に付着して遠方の水場に運ばれることもある。星のカードを見ていると、地球の生命もよその星から、何者かの手によって、あるいは自力で、あるいはなんらかの自然現象で、地球に運び込まれたのかもしれない、などという考えも浮かんでくるのだが、これはパンスペルミア仮説と呼ばれている。

XVIII 月

●夜の女王

月は海の満ち引きを司り、死と再生に関連が深い。病気などで弱った人が死ぬのは引き潮のときだと言われる。月に描かれている横顔は、4番（皇帝）や13番と同じく真横から見た顔で、これは王であり支配者であることを意味している。月は夜の女王だ。

横顔は、**半分しかわからない**ということを表している。月は同じ面を地球に向けているので地球から月の裏側を見ることはできない。他人の死は見えるが、

13　挿し木というのは植物の枝の先端をカットし、それを土に挿しておくと根が出て成長をはじめるという栽培技法。タネから育てると時間がかかりすぎる植物や、雌雄異株なのに一方が存在せず、タネを取ることができない場合は挿し木で増やす。簡単に聞こえるが実際には難易度の高い栽培技術で、生育環境を適切に管理しないと根を切られた植物はすぐに枯死してしまう。つまり、鳥に運ばれた小枝から根が出て育つなどということはまずありえず、普通は、高度な知性の介在なくしてはありえない繁殖法だ。

だれも自分の死は見たことがない。死の間際までは見えても、死んだ後のことまでは見えない。月の裏側が見えないのとよく似ている。

●月と犬と女と

太陽が父や男性全般を表すのに対し、月は母や女性全般を表す。また子供や犬も月のシンボルだ。たとえば消臭剤のコマーシャルで、犬を擬人化した子連れのママが衣類や布製品のにおいをクンクン嗅ぐアニメがあったが、女性は犬のように匂いには敏感なものだ。だんなが浮気をしても匂いでばれてしまったりする。鋭い女性のカンも、「女性は鼻が利く」と称される。

犬は群れを作り上下関係のある社会を作ることから、人間の象徴でもある。親に子が従うように、犬は飼い主に従う。

月は一般大衆の象徴でもある。一人一人はそれなりに理性的でも、集団になると群集心理が働いて、感情に流されやすい受動的な性質が出てくるからだ。

月が太陽の光を反射して地球の夜に光を届けるように、月には媒介物という意味がある。犬は人類が最初に馴致した家畜（動物）だと言われており、飼い主の命令を受けて、狩りを手伝い、同祖である狼とも戦う。いわば人の世界と獣の世界の媒介役のような存在だ。

●月とザリガニは何度でも蘇る

月のカードの池の中にはザリガニが潜んでいる。ザリガニと犬の習性には共通点が多い。夜行性である、穴を掘る、縄張りを守る、動く物を追いかける、多産でたくさん増える。ザリガニは昼間、池底の泥の中に穴を掘って隠れているが、夜になると這い出してくる。月のリズムで生きていて満月の日に産卵すると言われる。

ザリガニのいるプール（池）は四角形だが、自然界に直線は存在しないと言われる。つまりこれは天然の池や泉ではなく、**人工的なプールや貯水池**だ。

ザリガニは別名ロブスターとも呼ばれ、食用として広く養殖されている。このプールは養殖池。ザリガニと同族のロブスターには寿命がない。捕食されたり脱皮に失敗したりして死ぬことはあるが、生物としてはとても長命な生き

物だ。140年以上生きた個体も確認されている。爪や足がもげて目も潰れてしまったとしても、脱皮をするときには内臓まですべて再生されるという。月が満ち欠けを繰り返し生まれ変わるように、ザリガニも命ある限り脱皮して生まれ変わりを繰り返す。

◉分割統治

　月と同グループの隠者（9番）は暗闇の中を歩む人で、つまり寝ずの番や見張り役、物事の背後から共同体を維持管理する人でもある。隠者は8番（裁判官）の席を後進に譲って表舞台から退いた人だが、まだまだ舞台裏から糸を引いているのかもしれない。引退した政治家にもそういう人がいたりするものだ。

　戦勝国が戦争で負かした国を統治するときの手口で、分割統治というやり方がある。支配される民を二つの陣営に分け、一方だけを優遇して管理者の役割を与えるのだ。分ける基準は、人種の違い、宗教や思想の違い、身分の違い、稼ぎの違い、生まれた場所の違い、学歴の違いなど、なんでもかまわない。支配する側は状況をよく見極めた上で使えそうなものを選ぶ。

　差別は腹が立つものなので、差別されるほうは当然反抗する。優遇されているほうは特権を失わないために抑えつけにかかる。両陣営は反目しあって骨肉の争いを始める。こうすれば、支配者である戦勝国は怒りの矛先を向けられずに済む。もちろん税金はどちらの陣営からも巻き上げるのだ。

　手口が民にばれてしまってはうまくいかないので、こういうことは秘密裏に行われる。隠者のように裏からあるいは闇の中から、こっそりと仕掛ける。そして一方の陣営に「あいつらこんなことをやっていますよ、こんなことを言っていましたよ」などと憎悪を煽る情報を伝える。争いの種がなければ作ればいい。

　分割し、差別を作り対立を煽り、いがみあわせ戦わせつつ搾取する。このやり方は国の統治だけに限ったことではなく、人が集まる場所なら、会社組織でもネットの掲示板でも、地球全土にでも適用できるだろう。

　カードの絵に戻ろう。月の下の二つの異なる建物は対立する二つの陣営。そして二派に別れて戦う犬たち。向かって左の犬が尻尾を上げ、右の犬は腰が引けて尻尾も下げている。どうやら左の犬のほうが優位に立っているようだ。互

いにいがみ合うが、どちらも真の支配者（月）に対しては、ただ仰ぎ見て気を引くべく吠えるだけらしい。月の下の猿芝居に利用されているとも知らずに。それが支配者の策略だ。月は「嘘」や「欺瞞」の象徴だ。支配者の裏事情は、支配される層には窺い知れない。

　人工の養殖池は人々が築いて住んでいる町（この世）。ザリガニは地球のよどんだ大気の底（池の底）で暮らしている人間たち。犬のいる荒野は、縄張り争いが絶えないこの世の寓意だ。

◉雫の意味するもの

　空には月に向かって落ちていく雫が描かれている。この雫はいったいなにを意味しているのだろうか。ある人は「これは雫ではなく月の光の放射を表現したものではなかろうか」と言った。そう言われてみればそう見えないこともないが、月には光の放射を表すスパイクが描かれている。そこに雫型の光を描き加える意味はあるのだろうか。

　どのマルセイユ系タロットでも月の雫は月へ落ちて行くように描かれ、太陽（19番）の雫もほとんどの場合は同様に太陽へ向かって落ちていくように描かれる。コンバー版、ノブレ版、その他諸々、そのように描かれるのが主流らしい。しかし、**マルセイユ版では太陽から雫が降ってきている。**これはブザンソン版[1]に見られるくらいで、かなりの少数派だ。マルトーはコンバー版を元にマルセイユ版を作ったと言われているが、太陽の雫の向きを見ると、コンバー版だけが元ネタというわけではなさそうだ。

　多数派のように太陽の雫が月と同じ向きなら、単純に「雫は太陽と月が発する光を表現したもの」という見方を筆者もしたかもしれない。

　しかし、マルセイユ版は月には雫が昇っていき太陽からは雫を降らせることで、この雫のシンボルに「重力の向き」と「液体的ななにか」という意味を与えている。無重力下なら液体は球形になるものだ。

1　ブザンソン版は、マルセイユ系タロットから派生したもので、女教皇と教皇の二枚が、ローマ神話の最高神ユービテル（5番）とその妻ユーノー（2番）の神像に入れ替えられている点だけが違う。"Besancon tarot"でGoogle画像検索すれば図像が見つかるだろう。

太陽に落ちていく雫が液体だとすると、太陽熱が水を蒸発させるという意味に取れるが、すると今度は、熱を発さない月に雫が落ちていくのは変だということになる。

だから、マルセイユ版の太陽から降る雫は、太陽が地上（地球）になんらかの力や物質を与えていると解釈できる。雫は雨であり、雨は恵みの象徴だ。地上から月に降る雫は、**地球が月に恵みの雨を降らせている**らしい。

太陽が地球に与える光と熱は地上の生命を育むが、命を育むというのは死を与えることとも言える。生きていないものは死ぬこともないからだ。太陽から降る13個の雫（死神）は、そういう寓意ではなかろうか。

昼間、太陽から地上に降り注いだ光と熱は、地上の生命を育む。月へと落ちていく雫は、太陽に育まれて地球上で生産された「なにか」だ。地球から月に落ちていく19個の雫は、それがもともとは太陽によってもたらされた恵みであることを暗示している。

◉地球の生き物は月に食われる

インドのバラモン教典『チャーンドーギャ・ウパニシャッド[2]』によると、死者は荼毘の煙の中に入って空に上昇して月（太陰）に行くという。このとき死者はソーマと呼ばれるものを有しているらしい。ソーマとは神酒とか霊薬などと呼ばれ神々の飲料とされるのだが、月にはそれを食べる神々がいるという。

死者はソーマを満たした容器のようなものだ。ソーマが残っているうちは死者は月にとどまるが、無くなるとやがて雨となって地上に帰ってくる。そして畑の穀物等の中に入り、人間や動物等に食べられることで、それらの生き物の精子の中に入り、母胎に注ぎ込まれて再び地上に生まれることになるという。死者は生き血でも吸われるようにソーマを神々に食われるが、存在が破壊され無に帰するわけではないようだ。月に落ちて行く雫と太陽から降る雫は、ソーマの器たる死者の魂を表しているのかもしれない。

ロシアの神秘思想家グルジェフによると、人間も含め地上のすべての有機生

2　佐保田鶴治　"チャーンドーギャ・ウパニシャッド　神路と祖路"『ウパニシャッド』
　　平河出版社　1979年　p36

命体はより高次の生命体に食われているという[3]。人間は自分たちが食物連鎖の頂点であり天敵はいないと考えているが、もしも見えないところから、あるいはそうとは気づけないところから、地球の生命体のエッセンスやエネルギーを吸い上げている存在がいるとしたらどうだろう。

　グルジェフの思想では、月や太陽や地球はみな生命体と考える。地上の動植物すべての有機体が死んで分解するときに生じる「ある物質」は月に行き、月の食料となり月を成長させるという。

　体外離脱（幽体離脱）研究で有名なロバート・モンローも、これとそっくりの話を書いている。彼は体外離脱したときに知的存在から「ルーシュ」に関する知識を教わったという[4]。ルーシュとは地球の有機生命体が体内で生産する物質で、特に4Mタイプの作物（おそらく人間のことだろう）が、戦ったり、死んだり、淋しくなったり、葛藤したり、愛や憎しみを抱いたとき、つまり感情を震わせるような経験をしたときに大量に放出されるという。地球という庭はルーシュを生産するための作物を育てる畑で、そこを管理している「誰か」がいる。その「誰か」にとってルーシュは「飲み、食べ、麻薬として使用する」物質だという。

　グルジェフは食う側を月と見なしているが、モンローは体外離脱で行く世界にいる高次存在（意思疎通可能な人格的な存在）を想定しているようだ。しかし、人間が知らぬ間に上位存在の食料になっているという点は共通している。通常の家畜と異なるのは、毛皮や肉が目当てなのではなく、有機体の活動によって生まれる未知の物質を食われているということだけだ。

●星の河は月の池に流れ込む

　18番（月）の右隣に17番（星）を並べると、池と岸辺がほぼつながるようになっている（**図28**）。星の河はどうやらこの月の池に流れ込んでいるらしい。マル

3　P.D.ウスペンスキー　"三の法則・七の法則"　『奇蹟を求めて　グルジェフの神秘宇宙論』
　　浅井雅志／訳　平河出版社　1981年　p190　（mind books）
4　ロバート・A・モンロー　"第12章　伝聞証拠"　『魂の体外旅行』　坂場順子／訳　笠原敏
　　雄／監修　日本教文社　1990年　p269

セイユ版には、2番（女教皇）や4番（皇帝）に見られた隠し絵だけではなく、このように並べることで意味が生まれるギミックも潜んでいる。

図28

星の娘は河と陸地を隔てて水差しの液体を流している。このような捨て方をするというのは、左右でなにか異なる液体が入っていることも考えられる。

16番（塔）は錬金術の蒸留釜にも喩えられる。

"蒸留とは、混合物を一度蒸発させ、後で再び凝縮させることで、沸点の異なる成分を分離・濃縮する操作をいう。(略)共沸しない混合物であれば、蒸留によりほぼ完全に単離・精製することが可能であり、この操作を特に分留という。"[5]

塔から落下する同じ姿の二人の人物は、一つのものを二つに分ける、分留を

5　"蒸留"　Wikipedia日本語版　（2016年12月10日閲覧）

暗示しているのかもしれない。

17番（星）では分留した後の二つの物質の行き先が決まる。一方は月の池に、一方は土に戻されている。

蒸留といって筆者にまず思い浮かんだのは、酒の製造だ。たとえばブランデーは製造工程に蒸留する工程がある。

13番（死神）　ブランデーの製造は葡萄の収穫から始まる。

14番（節制）　葡萄を圧搾し果汁と搾り滓に分ける。

15番（悪魔）　菌によって発酵させ葡萄酒を作る。酒は悪魔の水とも呼ばれる。

16番（塔）　葡萄酒を加熱して蒸溜する。アルコールや芳香成分など軽いものは気化して上昇し、これがブランデーとなる。

17番（星）　気化したブランデーは冷却され液体に戻る。星の娘は、ブランデーを河に注ぎ、残った不純物を陸に捨てている。河は月の池に流れ込んで貯まる。

18番（月）　ブランデーは樽に詰められ何年も寝かされ熟成する。月の池は蒸留されたブランデーが貯蔵される場所を意味している。

イメージをつかめるようにブランデーを例にしたが、それと同じような工程で作られる酒は多数存在し、蒸留酒と呼ばれる。日本の焼酎も蒸留酒だ。

「タロット人生劇場」で見た通り、4番から9番は人生の諸段階が暗示されているが、それと対となる**13番から18番は酒の製造工程を暗示している。**酒造りの工程は人生の縮図なのだ。

ところで葡萄＝人だとしたらどうだろう。人は死後、ソーマ（ルーシュ）を搾り採られ発酵させられ蒸留され貯蔵され、より上位の生命体が飲む酒として供されるためにある存在だとしたら……。

あるいは、戦いと理不尽に満ちた人間のつらい生こそがソーマの製造プロセスで、人が老人（9番）となって円熟を迎えたとき、彼の体内には極上のソーマが貯まっているのだとしたら……。酒は長年寝かせるほどうまくなるものだ。

ルーシュは食料でもあり麻薬でもあった。月に落ちていく滴は、地上の有

機体から搾り取られたエッセンスで、上位存在の食料になる物質なのかもしれない。

ソーマ、月の食料、ルーシュ、これらの話が真実かどうか、筆者はどうでもいい。どのみち科学的に裏が取れるような話ではない。どの話も爺が孫にする与太話の類いだろう。しかし、寓話だと考えてみてはどうだろうか。

たとえばルーシュをお金だと考えてみよう。「お金は血と汗と涙の結晶」などとも表現される。月に落ちていく雫は涙の形をしている。"金は命より重い……！"などという言葉も流行った。お金は人間が苦しんで生産する〈物質〉だ。

「死と税金からは逃れられない」と言われる。死のように逃れられない税吏の手は、ルーシュを集める庭の管理者（13番）と同じようなものだ。集められた税金が国民のために無駄なく使われるのならよいのだが、無知なる者にはわからない形で、ごっそり搾取している「誰か」がいるかもしれない。それが月に落ちていく（吸い寄せられる）雫によって象徴されているということだ。18番の絵が寓意しているのは、そのような搾取の構造だと筆者は思う。

グルジェフはタロットをかなり研究していたようだ。タロットについて彼は次のように述べている。

"象徴学においては、数は一定の幾何学的な形に結びついており、また相互に補足しあっている。カバラでは文字の象徴学も使用され、またそれとの組み合わせで言葉の象徴学も使われている。数、幾何学図形、文字、言葉のシンボリズムの四つの方法を組合わせると、複雑ではあるがより完全な方法が手に入る。さらには魔術の象徴学、錬金術の象徴学、天文学の象徴学があり、また同様に、それらを一つの全体にまとめあげるタロットの象徴学の体系がある。"

ウエイトは、カバラの生命の樹にタロットを「寄せて」統合しようとしたが、グルジェフは、すべてはタロットに統合されると考えていたようだ。

6　福本伸行　『賭博黙示録カイジ』　第一巻　講談社　1996年　（ヤンマガKC）
7　搾取はあるのだが、それについて触れることは本書の目的ではない。敗戦国は辛いものだ。
8　"14エニアグラム"　『奇跡を求めて』

マルセイユ版の13番から18番（月）の流れを見ていると、「月が地上の有機生命体を食べている」というグルジェフの発想、さらに言えば彼の思想全体も、タロットに由来しているような気がしてならない。

XVIIII　太陽

◉太陽が放射する二つの力

　太陽の下で腰布をつけた二人の子供が遊んでいる。庭の中なのだろうか。レンガ塀は子供たちの腰の高さくらいしかない。子供たちが出ていこうと思えば出ていける緩い柵だ。これは牢獄のように閉じ込める壁ではなく、子供たちを外的危険から守るための保護壁らしい。

　太陽のシンボルは直線と波線を交互に放射している。波線は熱、直線は光、太陽が放射する二つの力を表しているのだろう。光は矢のようにまっすぐに進むが盾で遮られてしまう。熱は音波のように、盾も壁も突き抜けて浸透していく。あるいは、ゆらゆら燃えて熱を発する炎とも解釈できる。太陽の光と熱は、生き物を成長させる力だ。

◉奇術師と運命の輪と太陽

　太陽と奇術師と運命の輪は同グループで、この三枚は似通う点がある。

　1番と10番にはどちらも娯楽性があることはすでに説明した。どちらにも子供っぽさがある。そして19番でも遊んでいるようにも見える子供が登場する。10番と19番も比べてみよう。二人の小悪魔と二人の子供。二人の上に鎮座する悪魔の王と太陽王というように構図はそっくりだ。小悪魔は車輪の上で昇ったり降りたりする。太陽も昇ったり降りたりして天空を巡る。奇術師もバトンをくるくる回すし各地を巡業する。三枚とも回転運動が暗示されている。

◉双子の一人はいなくなる

　皇帝（4番）のところで1番（奇術師）は受精卵に相当するという話をしたが、

19番の絵は種の寓意でもある。受精卵は人間や動物の種だ。

植物の種は固い殻に覆われていて、殻を割ると二つに割れる白い中身が入っている。庭を囲む煉瓦ブロックは種を覆う外殻、双子は種の中身だ。種は太陽からの熱と空から降る雨で発根し、やがて地上に芽を出し双葉を開く。

煉瓦で囲まれた庭は子宮、太陽から降る雫は外から入ってきた精子、双子は受精後の卵細胞、つまり受精卵と解釈できる。人間の受精卵は最初二つに分裂するところから始まり、その後、無限の展開を経て胎児に成長する。子宮の中で胎児と胎盤は双子のようにつながっていて胎盤から栄養をもらう。

太陽の下で右側にいる子供には臍がある。しかし左の子供には臍がない。臍があるほうは生まれる子供、臍がないほうはやがて闇に葬られる胎盤だ。胎盤は子宮の中では共に成長してきたが、赤子が産まれたら追い払われる存在だ。

◉人類初の殺人

神話に登場する双子は、仲良しだったのにやがて仲違いして一人になってしまう話が多い。そういう双子の神話を、これから見ていくことにしよう。

太陽は神（ユダヤ教の主 GOD）の象徴だが、その下に二人の子供がいて一人がもう一人の肩に手をかけているのを見ると、筆者は創世記第4章にあるカインとアベルのおはなしを思い出してしまう。二人が双子だったという話は聞かないが、そこはマルセイユ版の絵なので、双子と思えば双子だし、違うと思えば違うように見える。都合よく解釈できるのがマルセイユ版のよいところだ。

カインとアベルはアダムとエバの息子たちだ。ある日、アベルは飼っている羊を、カインは畑でとれた作物を、主の前に捧げた。主はカインの捧げ物をスルーした。羊の焼肉が大好きな神様だが、野菜は嫌いだったらしい。カインが怒って顔を伏せると、主はさらにたたみかけるように言い放った。

"どうして怒るのか。どうして顔を伏せるのか。もしお前が正しいのなら、顔を上げられるはずではないか。……"

嫉妬に狂ったカインは、弟アベルを野原に連れ出して殺してしまう。その後、カインは主の元から去り、地上をさすらう者になった。一人はいなくなり、もう一人は外の世界に旅立った。

XVIIII 太陽

●俺の市壁を跳びこすやつは殺す

古代ローマは、ロームルスとレムスという双子の兄弟によって建国されたとされる。王家の血を引くこの双子は赤子のときに捨てられたが、狼がその乳を与えて命を救ったという。

リーウィウスの『ローマ建国史』によると、双子の兄弟が共に力を合わせ悪しき王を打ち倒した後、新しくローマの市を築くことになったのだが、その場所をどこにするかで意見が対立した。鳥占いで決めたが、白黒つかない微妙な結果となり、両者はますますいがみ合う結果になった。

その後、兄のロームルスが市を囲む壁を作っていると、レムスはそれを馬鹿にして飛び越えてみせた。それに腹を立ててロームルスはレムスを殺し、こう言い放ったという。

"他の何人であれ、私の市壁を跳びこせば、この通りだ[1]"

こうしてロームルスはローマの王となり、彼の名にちなんで市の名前はローマになった。

太陽の絵の双子はロームルスとレムス。背後にあるレンガの壁は、造り始めてまもない低い壁で飛び越えられる高さだ。

ところで、『プルターク英雄伝[2]』にも二人のことが書かれているのだが、"ロームルスが、市壁のまわりを巡る壕を掘っていたところをレムスが嘲り、壕を飛び越えた"とある。壁は凸、壕は凹であべこべだが、市壁（城壁）を造るときは、壕を掘ってその土で壁を築くものだろう。日本の城でも城壁とお堀はセットになっているものだ。マルセイユ系タロットの中には、19番の壁の下部が黒もしくは暗色に彩色されていて、壁のそばに壕があるかのように描かれているものもある。

カインとアベル、ロームルスとレムスの物語から想像すると、19番の双子は仲良しどころか、一方が手を下す直前の光景に見えてくる。

太陽は善人にも悪人にも等しく光を照らすので、真の公平性を象徴する。双

1　リーウィウス　『ローマ建国史』　上巻　鈴木一州／訳　岩波文庫　2007年
2　プルターク　『プルターク英雄伝』　一巻　河野与一／訳　岩波文庫　1952年

子は同じ年齢で、同じ容姿の肉体を持ち、兄と弟の区別はあっても、能力的には互いに対等な存在であることを暗示する。ロームルスもレムスもどちらか一方が劣っているわけではないがゆえに決着がつかず、最後は殺しあいにまで発展してしまったのかもしれない。両雄並び立たずということだ。太陽から降る13個の雫は、公平すぎるがゆえに血の雨が降る、というようにも見えてくる。

◉ギリシア神話の双子たち

都市の壁にまつわる双子には、ギリシア神話に出てくるゼートスとアムピーオーンもいる。こちらも王家の血をひく捨て子で、成長してのちテーバイの王権を取り戻す。テーバイの街を囲む城壁を二人で協力して建設するとき、兄ゼートスはその怪力で石を運んだが、弟アムピーオーンは竪琴の音色で石を操って積み上げたという。

ギリシア神話でもっとも有名な双子、カストールとポリュデウケースは、レダから産まれた種違いの兄弟だ。兄のカストールはスパルタの王の子で、死ぬべき運命を持った人間だった。弟ポリュデウケースはゼウスの子で、神の血を受け継いだ不死身の存在だった。二人合わせてディオスクーロイ（ゼウスの息子たち）と呼ばれる。[3] 二人とも武芸に秀でており、カストールは最強のレスラー、ポリュデウケースは最強のヘラクレスの次に強いボクサーだった。この絵の二人の子供たちは、レスリングやボクシングをするときのような格好をしている。

二人はアルゴー船の探検隊にも参加したことがある英雄で、航海者の守護神とされる。10番（運命の輪）は阿呆船だった。19番は10番と同グループなので、船で関連性がある。

カストールは人間だったので、戦争で矢に射られて死んだ。ポリュデウケースは二人が冥界と天界とに別れることを悲しみ、自分の命をカストールに半分分け与えるから一年の半分は天界で半分は冥界で二人一緒に過ごさせてほしいと、父ゼウスに頼み込んだ。そして天に上げられた二人が双子座になったとい

3　ちなみにインド神話に登場する医術の神"アシュヴィン双神"も神の子と人の子との双子で、この二人とよく対比される。Wikipedia日本語版　（2017年10月15日閲覧）

XVIIII　太陽

う。これは北半球の中緯度地方では双子座が冬の間しか見えないことを寓意している のだろう。夏の間、双子座は昼間空にあるが、日没ごろには地平線の下に沈んでしまうため見ることができない。

双子座のα星とβ星であるカストルとポルックスは二人の名前からきている。

●グレートツインズとメトン周期

バビロニアの暦では、天球上の双子座に太陽がかかる時期である第三の月[4]はシマス (Simanu) と呼ばれた。第三の月はシュメール時代にはムンガ (Mun-ga) とも呼ばれたが、これは「レンガを造る月 (the Making of Bricks)」という意味だという[5]。

バビロニアはメソポタミア南部を占める地域で、現在のイラク南部に位置する。この地域は、ムンガの月から降雨量がほとんどゼロになる。つまり、日干し煉瓦を造るのに適した季節になるということだ。日干し煉瓦は乾燥地帯では理想的な建築材料の一つらしく、現在でも広く使われている[6]という。

双子座のα星とβ星は、古代バビロニアにおいてもツインズ (The Twins) と呼ばれ、それぞれ太陽と月のような性質を有していると考えられていたという[7]。また、時代が下るにつれ、他の二つ星と区別するためにグレートツインズ (The Great Twins) と呼ばれるようになった。

19番の絵では、煉瓦塀の上に太陽がかかり、その下には太陽と月を象徴するグレートツインズがいる。

これは太陽暦と太陰暦が19年周期で一致する「メトン周期」をうまく象徴しているように思える。

暦を大別すると、月の満ち欠けを基準にした太陰暦と、太陽の動き(地球の公転周期)を基準にした太陽暦がある。

---

4 これは天球上のカストルとポルックスのあたりに太陽がかかると理解してほしい。西洋占星術の双子座(黄道60度〜89度)とイコールではない。

5 ROBERT BROWN 『Researches Into the Origin of the Primitive Constellations of the Greeks Phoeniciansand Baby』 Vol.1, Forgotten Books, 2017(Original Print 1899)p58

6 "煉瓦" Wikipedia日本語版 (2017年12月10日閲覧)

7 『Researches Into the Origin of the Primitive Constellations of the Greeks Phoeniciansand Baby』

新月から次の新月までの一周期を朔望月という。太陰暦ではこの周期を「一ヶ月」とする。例えば新月の日が毎月の一日、満月の日は十五日になる暦だ。月は天然のカレンダーで、時報などなかった時代は便利なものだったはずだ。

朔望月の周期には変動があるが、平均朔望月は 29.530589［日］で、太陰暦の一年間は、平均朔望月 × 12 ヶ月 = 354.367068［日］である。

一方、太陽が春分点から黄道を一周して春分点に戻るまでの時間を太陽年という。季節のめぐりを正確に表す一年とは、この太陽年の一年で、一太陽年は 365.242189［日］である。

太陰暦の一年間の日数は、太陽暦の一年間に比べて 11 日も少ない。

地球の公転周期が基準の太陽暦は、毎年同じ時期に同じ季節がめぐってくる。北半球では八月はいつも夏だ。しかし、太陰暦だと毎年 11 日ずつずれていくので、それを放置しているとやがて八月が春になったり冬になったりする。ちなみにイスラム暦（ヒジュラ暦）はそういう暦だ。この問題を正すため、数年おきに閏月を設けてその年だけは 1 年間を 13 ヶ月とする「太陰太陽暦」という暦法が生まれてきた。そして、いつ閏月を挿入すべきかを決めるのにメトン周期の法則が使われるようになった。紀元前六世紀ごろのバビロニアでは、メトン周期を取り入れたカレンダーが使われていたという。[8]

メトン周期は、「19 太陽年は 235 朔望月の日数とほぼ一致する」という法則だ。

19 太陽年 　= 太陽年 × 19　　　　= 6939.60［日］

235 朔望月 = 平均朔望月 × 235　= 6939.69［日］

二つの時間の差は 0.09 × 24 = 2.16。19 年で約 2 時間しか違わない。

閏月について考えよう。

太陽暦は 19 年間で 228 ヶ月ある（12 × 19 = 228）。

しかし、太陰暦の一ヶ月は朔望月で太陽暦の一ヶ月より少し短いため、19 年間は 235 ヶ月ある。これは太陽暦より 7 ヶ月多い。一ヶ月を月の満ち欠けで数えながらも、太陽暦とも同期していて季節とずれない太陰太陽暦とするため

8　"Metonic cycle"　Wikipedia 英語版　（2018 年 2 月 5 日閲覧）

には、太陰暦に適当なところで7回、閏月を挿入してやればよい。

太陰暦と太陽暦とでは一年間の日数に11日も差があるため、3年目には11×3 = 33、約一ヶ月ものずれが生じる。だから最初の起点の年からまず3年目に閏月を挿入して、その年は例外的に13ヶ月ある年ということにする。以降6, 8, 11, 14, 17, 19年目に閏月を挿入することになっている。あとはこれの繰り返しだ。伝統的に、バビロン暦及びヘブライ暦の太陰太陽暦では、この規則で閏月が挿入されることになっている[9]。

ところで、閏月を入れる年の数を合計してみよう。3 + 6 + 8 + 11 + 14 + 17 + 19 = 78で、タロットカードの全枚数になる。

これら7つの数字を七つの音階と考え、19を「ド」とし、下り順に17は「シ」、14は「ラ」というように音階を当てはめる。一オクターブ下の「ド」の数はゼロを置く。この数列の隣り合う数の差（階差）は多くは3だが、2のところが二つある。これはピアノの鍵盤と照応する（図29）。ミーファ、シードの階差は2であり、2の間には黒鍵はない。3には真ん中があるが2にはないのだ。

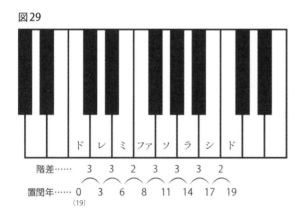

◉18番の月の正体

今日が新月だとしたら、メトン周期である19年後（6939日後）は新月だ。今日が新月でなおかつ日食の条件を満たしている日だったとしたら、やはり19年後も日食が起きる。たとえば2009年7月22日は皆既日食が起きたが、2028年

---

9 "Metonic cycle" Wikipedia英語版 （2018年2月5日閲覧）

7月22日にも皆既日食が起きる。2047年同月同日にも日食が起きる……が、この日は部分日食だ。このように日食の種類が異なったり、時には日食が起きなかったりと、日食の予測に使うにはメトン周期は不向きだが、それでも一応目安くらいにはなる。

日食の周期としてよく知られる「サロス周期」というものがある。サロス周期は223朔望月の長さだ。平均朔望月×223＝6585.32［日］。6585.32÷太陽年＝18.03。端数の0.03×太陽年は10.96でほぼ11［日］。つまり18年と約11日で巡る周期だ。この周期は日食をかなり正確に再現し、ある日食から18年と11日ごとに、ほぼ確実に同じ種類の日食が繰り返し起きる（ただし、日食が観測できる場所はずれていく）。

ところで18番の月を見てみよう。月は真っ青に彩色されている。マルセイユ版の彩色では青は黒の役割も兼ねている（たとえば隠者の服など）。この月は黒い月だ。ということは新月なのだろうか。しかし黒い新月は太陽のすぐ近くにいるので昼間にしか空になく、そのとき光を反射しない暗い月は、太陽の光がレイリー散乱した青空にかき消されて見えない。そして夜には地平線の下に沈んでしまう。見えない新月に向かって犬が吠えたりはしないだろう。

しかし新月が見える時がある。それは日食のときだ。**18番は夜の月ではなく、皆既日食における昼間の月を描いているのだ。**太陽の前を完全に月が覆い隠したとき、世界は暗くなり、太陽コロナが輝く。月の周囲にある19個の雫は、月の背後にある太陽の存在を暗示しているのかもしれない。犬たちは日食に驚いて空に向かって吠えている。

メトン周期を暗示する19番、サロス周期を暗示する皆既日食の月が描かれた18番、この二枚は表裏一体だ。

太陽（19番）と同グループである1番（奇術師）は若き者。月（18番・太陰）と同グループである9番（隠者）は老いた者。日食の月を描いた18番、日食の周期であるサロス周期は18年。太陰暦と太陽暦の同期サイクルのメトン周期は19年。実にうまく相関している。

XVIIII　太陽

◉素数のカード

19は大アルカナの中で最大の素数だ。素数とは、1より大きい自然数（正の整数）で、正の約数が1と自分自身のみの数をいう。たとえば5は5か1でしか割れない。19も19か1でしか割れない。

ところで1も1でしか割れないので素数のように思えるが、今の数学では素数とは見なさない。しかし昔は素数と見なされていたこともあった。ここでは1も素数ということにしておこう。

素数はプライムナンバー（prime number）といって、プライムには一流とか最高とかもっとも上等とか全盛期といった意味がある。

タロットの1番から21番の中で、素数の番号を持ったカードは、1, 2, 3, 5, 7, 11, 13, 17, 19番の九枚ある。

二つのサイコロにかけて1から12までの総和も78だったが、大アルカナの中にある九個の素数の和も78になる。78はタロットカードの全枚数だ。

素数の番号を持つカードを選び出し並べてみよう。奇術師、女教皇、女帝、教皇、戦車、力、死神、星、太陽。これらに共通した特徴を感じ取ってみてほしい。どれも強そうな印象を受けないだろうか。

奇術師は永遠に勝ち続ける狂気のギャンブラー、怪力の女力士、戦車（軍隊）も強そうだし、死に勝てる者はいないし、母がいなければ人は生まれて来られないし、教皇と女教皇には全知全能の神の後ろ盾がある。地上は諸行無常だが天上には永遠に変わらぬ星々の無窮の輝きがある。太陽がなくては人は生きていけない。このように素数のカードには、金剛石のような砕けぬ強さが感じられる。

XX 審判

◉開かれる墓

キリスト教では、世界の終わりの日が来るとイエス・キリストが再臨し、あ

らゆる死者を蘇らせ、裁きを行うという。『ヨハネの福音書』にはこう書かれている。

"驚いてはならない。時が来ると、墓の中にいる者は皆、人の子の声を聞き、善を行った者は復活して命を受けるために、悪を行った者は復活して裁きを受けるために出て来るのだ。"[1]

この絵の「審判」というタイトルや、棺（法廷の証言台にも見える）の中に立っている人物や、上空にいる天使の姿などから、その光景を描いているようだ。

ラッパは、唇の振動をホーンで反響させて音を出す楽器なので、その音は声のようなものだ。墓の下で眠っていた者が、目覚めよという神からの声を聞くのだろう。彼らの背後には丘がある。幾重にも連なった丘では木霊が起きる。エコーのかかった起床ラッパが盛大に鳴り響くことだろう。

ラッパについている十字旗はキリスト教のシンボルだが、十字の腕が旗の四隅に接しているので、十字路と解釈することもできる。人生の岐路をクロスロードと呼んだりする。十字旗は、この絵が運命の岐路であることを強調している。

またタイトルは「**最後の**審判」ではなく、ただの「審判」だ。毎朝、眠りから目が覚めるように、「審判」には何度でも繰り返される可能性が内在している。

天使が雲間から姿を現しているが、聖書の中で、雲は神の顕現を表したり、神の乗り物だったりする。一般的には、真実を覆い隠すヴェールや未知なる領域への通路も表す。

天使の頭上には輪がある。天使の輪は神聖さを表す記号だ。宗教絵画ではキリストの頭上にも輪が描かれることがある。しかし、21番（世界）の動物たちの天使の輪と違い、空にぽっかりあいた穴にも見える。神の住む異界、天の国から来たことを表しているとも解釈できる。この天使は再臨したイエス・キリストなのだろうか。

雲の下から突き出している多数のスパイクは、雲間から洩れる神の光を表現しているのだろう。嵐の去った海上で、雲間から鋭い光線が次々と差し込んで

1　『ヨハネによる福音書 (5: 28-29)』　新約聖書　新共同訳

くるときの様子に似ている。神々しさの表現なのだろう。

2番(女教皇)では、神は聖書の物語中の存在であって、信じる対象としてヴェールに隠されていたが、20番では雲というヴェールを引き裂いて神が姿を現した。神の御前では何も隠し立てできないことを、全裸の人々は象徴しているようだ。

◉閉じたり開いたりする場所

第2グループである、2番(女教皇)11番(力)20番(審判)は、どれも信じることに関係しているようだ。2番は信仰に生きる女なのでお祈りをする人だ。20番の三人の人物はみな手をあわせ祈りのポーズをとっている。よい判決が下るよう天に祈っているらしい。11番が少しわかりにくいかもしれないが、人が戦うときは自分が勝てることを信じようとするものだろう。

これら三枚は「閉じたり開いたりする場所」を表している。女教皇の空っぽのテント(女陰)も彼女が持っている本も、閉じたり開いたりする。11番の獣のあごも閉じたり開いたりする。これはヴァギナ・デンタータ(歯のついた膣)の暗喩でもある。誘惑した男のペニスを食いちぎって殺す恐ろしい女を暗示している。

20番の墓も閉じたり開いたりする。ここは別世界への入口だ。女教皇の女陰は来世への入口だし、彼女が持っている本は読書体験が心を異界につれていってくれることを暗示している。女力士がキリスト教徒の処刑の光景だとしたら、キリスト教徒にとって神の与えた試練だ。殉教すれば天国の門が開くが、くじけて棄教すれば天国には入れない。審判で蘇った者は裁きにかけられ天国か地獄に行くかが決まる。第2グループのカードは分かれ道や運命が決する場所だと考えられる。

◉墓と本

墓は故人を偲ぶ記念碑で、在りし日の故人の記憶を保存する場所だ。墓標は石で作られることが多いが、石に刻まれた文字は時代を超えて長く残る。女教皇の持ち物である本も、墓のようなものだ。作者が死んだあとも長く残り、あ

る日、誰かに開かれて読まれることで、作者の精神（あるいは魂）が蘇る。

　ピラミッドや古墳など古代の王の墓には数多くの埋葬品が収められ、その時代の文化と王の姿を遠い未来に伝えるタイムマシーンにもなったりする。しかし、一般庶民の墓は名前と遺骨が伝わる程度のもので、しかも最近は、墓参りに来る遺族がいなくなれば墓は処分されてしまうとも聞く。

　その点、本は図書館で大切に保管される。出版されて百年程度ならまず失われる心配はないだろう。たとえ完全に消滅しそうになったとしても、価値ある本はいつかどこかで復刊されるものだ。本のほうがずっと墓としての機能を満たしているのではあるまいか。

●閉じられる墓

　20という数は足も入れた全指の数であり、古代人にとっての数勘定の限界の数でもある。指は最初の計算機で、手と足で指折りかぞえていくと、20ですべての指が寝てしまう。次の数にいくためには指を一本起こさないといけない。つまり指が起き上がり復活するわけだが、この絵にはその一瞬前の光景が描かれているようだ。天使はラッパをかまえているが、口にあてがってはいない。これは審判が下る直前の光景だ。

　20番の棺の中の人は両足が隠れて見えなくなっている。これは、この人物が生と死のどちらのサイドにも属していない（中有にある）ことを暗示している。他のマルセイユ系タロットでは、棺の中の人物だけ全身水色に彩色されているものが多い。それは命無き死体の状態にあることを強調する。そして復活の時を待っているという意味だろう。

　普通この絵は墓が開いたところだと解釈されるが、案外それとは逆なのではあるまいか。十字のシンボルは二元的なものや相反するものの結合を象徴する。十字旗のついたラッパは、泥人形（肉体）に命を吹き込むラッパなのかもしれない。ラッパが吹き鳴らされると霊と肉が結合され、泥人形は生命ある者になる。十字は生命のシンボルだ。中央の人物に命の息が吹き込まれると、墓の蓋が閉じて21番（世界）に移行する。

　21番は3番（女帝）と同グループなので、子宮で眠る胎児や、四大元素（物質）

に囲まれた肉体と環境を表す。この絵の墓は、来世に行くためのカプセルであり、子宮の象徴だ。胎児となって出生の時を待つということだろう。墓の外にいる男女は来世で待っている母と父だ。

人がこの世に産まれてくるためには、一定期間、子宮の中で眠らなければならない。大地は母なるものとされ、そこに埋められるというのは、大地母の子宮で眠ることを意味する。子宮も墓も来世への入口だ。

来世とはこの世に戻ってくることなのか、この世とは別の異世界への転生なのか、転生のとき時間軸の移動はどうなるか、さっぱりわからないが、彼岸と此岸の二つの世界を渡るとき、生命は一定期間、母の子宮で眠ることが必要なのかもしれない。

●エレウシスの秘儀

生まれるために墓に入るというと、エレウシスの秘儀を思い起こす。これは穀物の女神デーメーテールとその娘にして花の女神コレーを祀る祭儀で、紀元前十五世紀ごろから始まり、二千年近く続いた。ほとんどのギリシア人が参加していたとも言われる。

ギリシアの首都アテネの近くエレウシスに祭儀堂の遺跡が残っており、その大きさから見て、千人以上が集まる大きな祭儀だったことがうかがえる。ギリシア語を話せて手が血で穢れていない者なら、身分、性別、年齢に関係なく、誰でもお金を払えば参加することができた。

しかし、どのような儀式が行われたのか、詳しいことはほとんど伝わっていない。儀式の内容を秘密にしなければならないという掟があったからだ。それを破った者は死罪になったとされる。

儀式の詳細は失伝しているが、デーメーテールとコレーの神話劇が演じられていたと推定されている。これは花の女神コレーが冥界の王ハーデースに無理矢理に妻にされて、コレーは一年の三分の一を冥界でハーデースの王妃ペルセポネーとして過ごし、残りの三分の二は天界で母のデーメーテールや他の神々たちと暮らすことになったというおはなしだ。この強引な結婚は母親のデーメーテールにとって不本意だったため、娘が冥界にいる間、彼女は地上に実りを

もたらさなくなった。

　大麦は穀物神デーメーテールを象徴する作物であり、古代ギリシアで盛んに栽培されていた。大麦は秋に畑に蒔かれ土の中で冬を過ごし、寒さを受けることで発芽する。コレーが冥界に連れ去られる物語は、麦の種が土の中で眠り、やがて芽吹いて復活することの寓話だ。

　儀式に参加した者は"生命の終わりと永遠について喜ばしい希望を持つようになる"とか、"これらの密儀を見た者だけが冥府で真の生命を得る"などと言われる[2]。儀式の参加者たちは麦が大地に落ちて再び芽吹くことと、人間の運命がシンクロしているという確信を得たのかもしれない。

　"エレウシスの秘儀の骨子は、穀物神の復活・蘇生の若々しい生命力を人間の身につけ、循環する生命の永遠性に参与し、死後の魂の幸福を享受しようとする宗教的儀礼だった[3]"とも言われる。

　しかし、神話劇を見たり、あるいは演じたりしたくらいのことで、来世や、冥界での生存が保証されたなどと思えるものだろうか。また、「大地に落ちた麦が再び芽吹くように死は終わりではない」というのは比喩にすぎないし、その比喩を正しく人間に当てはめるなら、「子供を残せば自分が亡き後もその子供の命が続いていく」ということになるだろう。穀物のライフサイクルを見て、死後も冥界で生きられるとか、来世があるといった確信につながるとは思えない。なにかもっと違った体験があったのではあるまいか。

●『黄金の驢馬』と幽体離脱

　マンリー・P・ホールはエレウシスの秘儀の様子が『黄金の驢馬[4]』という本に書かれていることを指摘している[5]。この本は二世紀のローマ時代に書かれた小説だ。この時代、エレウシスの秘儀はまだ健在なので、貴重な証言かもし

2　"エレウシスの秘儀"　Wikipedia日本語版　（2017年1月29日閲覧）
3　沼義昭　『日本における山岳宗教の一研究』　https://ci.nii.ac.jp/els/contents110000219633. pdf?id=ART0000601415　p31
4　アープレーイユス　『黄金の驢馬』　呉茂一，国原吉之助／訳　岩波文庫　2013年
5　マンリー・P・ホール　「古代密儀と秘密結社」『古代の密儀』　象徴哲学大系Ⅰ　大沼忠弘，山田耕士，吉村正和／訳　人文書院　1980年　p119

XX　審判

れない。秘儀の体験談が書かれている「巻の11」は、翻訳者の呉茂一も著者アープレーイユスの自叙伝であろうと推測している。

　主人公ルキウスは肉食や飲酒を断った十日間の禁欲生活ののち、儀式に臨む。夕暮れ時、大勢の信者たちが集まってきて、秘儀の古い習慣に従ったいろいろな贈り物をルキウスに贈ってくれた。それはルキウスにとって名誉なことらしい。次に大司祭は彼を真新しい亜麻の着物で包み、もっとも奥まった部屋につれていった。ここから先は話すことが許されていないとしながらも、これは真実であるとして次のような体験談が書かれている。

　"私は死の境界にやってきて、冥界の女王プロセルピナ[6]の神殿の敷居をまたぎ、あらゆる要素を通ってこの世に還ってきました。真夜中に太陽が晃々と輝いているのを見ました。冥界の神々にも天上の神々にも目のあたりに接し、膝元に額づいてきました。

　こういったところが私の話です。皆さんはお聞きになられた今でも、何のことやらちんぷんかんぷんでしょう。でもそれはみんな皆さんのせいです。"

　ルキウスには、ある種の神秘体験があったに違いない。どのような儀式（術式）でその体験が誘発されたのかは極秘だが、体験内容については語ってもよいということだろう。

　ルキウスが神々と対面し額づくという行為をしているところを見ると、幽体離脱をしてアストラル界に行ったのだと考えるのが一番素直な解釈ではないかと筆者は思う。陽が落ちてから太陽の輝きを再現することは、二世紀のローマの照明技術では無理だろう。ルキウスはアストラル界で輝く太陽を見たのだ。

　アープレーイユスは魔術にも傾倒していたし、夢の中で女神様からお告げをもらったりすることもあったので、幽体離脱しやすい素養は充分にあったと考えられる。

　もちろん、西洋魔術の世界観を知らない人には、これもちんぷんかんぷんな話かもしれないが、幽体離脱でアストラル界に立った後、女神様や宇宙人と会

6　ローマ神話のプロセルピナはギリシア神話のペルセポネー。

うという体験はそれほどめずらしいものではない（そんなに多くもないが）。また
このときの体験は、現実と変わらないほどのリアリティがあるのが特徴で、夢
や麻薬の幻覚とは比べものにならない。本物としか思えない女神様と対面した
のだろう。ルキウスが、"この話はみんな真実だと思ってください"というのは、
ルキウスにしか女神様が見えなかったとしても、本人にとってそれは嘘ではな
いからだろう。

　肉体は魂の牢獄と言われ、墓とも言われる。幽体離脱は肉体という墓から、
幽体となった自分が起き上がる経験だ。目を閉じて暗闇の中に横たわっている
と、体が振動し甲高い耳鳴りがして、肉体と重なるように存在していた幽体が
外れる。この耳鳴りが、天使のラッパの音なのかもしれない。

　エレウシスの秘儀は二千年近くも続いたのに、だれも秘密を洩らさなかった。
洩らせば死罪という罰則があったとしても、参加者が不満や義憤を抱けば秘密
などすぐにリークされてしまうだろう。看板に偽りのない確かな御利益があっ
たのではなかろうか。

　事実、アープレーイユスの書いた『黄金の驢馬』は、ローマ時代に書かれた
小説の中で、唯一完全な状態で残った作品とされる。同時代の他の作品は二千
年の時の重みに耐えきることはできなかったわけだ。彼の魂とも言える本は、
永遠に近い命を保っている。女神様が守ってくれているのだろうか。これもエ
レウシスの秘儀がもたらすという「永遠の生命」の顕れなのかもしれない。

XXI　世界

●四聖獣とスピンクス

　この絵の四隅にいる生き物は、牛、獅子、鷲、人（天使）で、四聖獣と呼ばれ
る。四聖獣は合成されて様々な神話の中で幻獣となって登場する。たとえば頭
に天使の輪のある、人、鷲、獅子が合体するとスピンクスになる。古代エジプ
トのスピンクスは獅子に女性の頭がついていたが、それがギリシアに伝わり背
に鷲の翼が追加され、豊かな乳房を持つ怪獣に変化した。アッシリア帝国の遺

跡で発見された牛の体に鷲の翼と男性の頭部がついた有翼人面雄牛像、獅子の体に鷲の頭部がついたグリフォン。スピンクスをはじめとして、どれも番犬のような役割をもち、神殿の門や関所を守っていたりする。

ギリシア神話のスピンクスはテーバイ市の西の山裾に居座っていて、市に通じる道を行く旅人になぞなぞを出した。「朝は四本足、昼間は二本足、夕は三本足で歩くものは何か？」。答えられない旅人は食われてしまった。スピンクスは女怪で、若い男をたくさん食ったという。なぞなぞの答えは言うまでもなく「人」だ。

これはあまり知られていないが、スピンクスは実はもう一つなぞなぞを出したという。二問とも正解しないと食われてしまった。二問目はこうだ。「二人の姉妹で一方が他方を産み、他方がもう一方を産むのはなにか？[1]」。またこれには別バージョンもある。「黒い兄と白い妹、朝には妹が兄を殺し、夕には兄が妹を殺す。しかしどちらも死ぬことはない。これはなにか？」。どちらのなぞなぞも答えは同じで「昼と夜」が正解だ。

大アルカナには、人が生まれて成長して老いて死んでいく過程が描かれていた。大アルカナの前半は生の側で昼、後半は死後の側で夜と考えれば、二問目のなぞなぞもタロットが全体で表現していることと一致する。

21番目の世界のカードは、大アルカナの最後のカードだが、終わりは始まりでもあって、このカードはタロットという本の表紙と考えることもできる。絵本の表紙にはその本の内容を象徴する絵が描かれているものだ。

◉四聖獣と黄道十二宮

四聖獣には四大元素が照応する。四大元素は古代ギリシアで生まれた考え方で、万物は〈火〉〈地（土）〉〈風〉〈水〉の四つの元素の配合からできていると信じられていた。今では占いやゲームやファンタジー小説でしか使われないような概念だ。西洋占星術では黄道十二星座のそれぞれがどの四大元素に照応するか伝統的に決まっている。

1　ジャン＝ポール・クレベール　『動物シンボル事典』　竹内信夫ほか／訳　大修館書店 1989年

四聖獣は黄道十二宮の不動宮に照応し、牛はおうし座、獅子はしし座、鷲はさそり座、天使（人）はみずがめ座だ（図30）。世界の絵は黄道十二宮に取り巻かれている母なる地球（人の住まう環境）の寓意ともみなせる。

　黄道の春分点からおひつじ座が始まる。北半球の中緯度地方では太陽が春分点に来ると春の到来だが、まだ肌寒い日も多く、冬の気配が残っている。さらに一ヶ月たち太陽が牡牛座に達するころには春爛漫、春が不動のものとなる。さらに一ヶ月たち太陽が双子座に入るころには、春というには暑くなりすぎ夏めいてくる。四季はそれぞれ約90日間続くが、その中間期の不動宮の30日間が、もっとも典型的な春夏秋冬ということだ。

　水瓶座は壺を持つ美少年ガニュメーデースの姿で象徴されるので、これには四聖獣の人が配される。

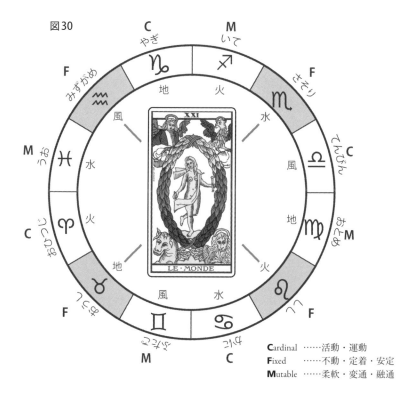

図30

Cardinal ……活動・運動
Fixed ……不動・定着・安定
Mutable ……柔軟・変通・融通

XXI 世界

ではさそり座がなぜ鷲に配されるのだろうか。鷲は象徴的に不死鳥（火の鳥）を意味する。不死鳥は、太陽圏まで飛んだ果てに翼を焦がして泉に落ちるが、そこから再び若さを取り戻して舞い上がるという。一方、蠍はザリガニと同様、脱皮して成長する。鷲も蠍も、死と再生と不死性を象徴する生き物なのだ。

さそり座は水のサインなのに、どうして火の鳥の鷲が照応するのかと思うかも知れない。その理屈は、水は蒸発して空に上がり、やがて雨になって落ちてくる。これが鳥の動きに似ているからだ。地である土は動かないし、火は地に根ざして燃えるので移動しないし、火の粉が飛ぶことはあっても、それは水のようには戻ってこない。風はつねに空中をさまよっている。水だけが鳥のように天と地の間を往来する。

◉四大元素と色

マルセイユ版では四大元素を表す色がおおよそ決まっている。それはこのカードの四聖獣の色に基づく。〈土〉は牛でベージュ、〈火〉は獅子で黄、〈水〉は鷲の翼の色から青。〈風〉は天使の翼の色から赤だ。

たとえば19番の太陽は黄色だから〈火〉、18番の月は青だから〈水〉、20番の雲も青で〈水〉、女帝と皇帝が持っている命のバトンである王笏も黄色で〈火〉（命の火を絶やさずに受け渡していく意）というように、それぞれの象徴物がそれにふさわしい四大元素の色で彩色されているように見えるのだが、これはある程度はそうなっているだけで、さほど厳密に決まっているわけではなさそうだ。特に青は黒の役割もかねている。

世界の娘は、「牛」と同様にベージュ一色で塗りつぶされている。だからこれは土でできた体ということだ。四大元素の世界に生まれ出る体も、四大元素の一つである土でできている。土から生まれ、土に還るのが人間だ。しかし人の体には、神の息が入っていると聖書は伝えている。

"主なる神は、土（アダマ）の塵で人（アダム）を形づくり、その鼻に命の息を吹き入れられた。人はこうして生きる者となった。"

2　"eagle 鷲"『イメージシンボル事典』
3　『創世記（2:7）』旧約聖書　新共同訳

●虹のゲート

　3番は母親、12番は子宮で眠る胎児、21番の絵は、胎児が生まれ出る環境だ。12番の樹木の切り株から、やがて新しい芽が出て葉が茂り、世界の花輪になるのだろう。

　花輪の中の人物の肩にかかっている帯状の布は、胎児と母体をつないでいるへその緒の寓意的表現だろう。四聖獣に囲まれたゲートは、子宮からの出口（女陰）であり、生の世界や来世への参入門であり、そこをくぐると四大元素によって構成された自然環境に取り囲まれているというわけだ。

　ゲートは上から黄、赤、青と色の三原色で塗り分けられていることに注意しよう。この三色の混合から、無限の色彩が生まれる。このゲートは虹のグラデーションで彩色されるべきものなのかもしれない。赤子は色即是空の〈色〉の世界、つまり無限の色彩にかこまれた物質的現象の世界に生まれてくるのだ。

　しかし、古いマルセイユ系タロットを調べても、三原色で塗り分けられたゲートは見当たらない。筆者にはごく狭い範囲の製品しか調べることはできないが、三層の塗り分けはマルセイユ版くらいのものだ。しかし、なかなか示唆に富む改変ではなかろうか。

●バトンとネックレス

　星の娘（17番）を見るかぎり、カードの作者は女性を描く術を心得ていたはずだが、世界の娘の胸は作り物のようだし、体の線も男のように見える。しかし恥部が布で隠されているので性別はわからないが、とりあえず乳房に免じて娘ということにしておこう。

　世界の娘は左手にバトンを持っている。右手に持っているのは、地面と水平に構えたバトンにも見えるが、おそらく宝石（玉）のついたネックレスだろう。これはマルセイユ系タロットの中ではめずらしいケースだ。コンバー版では、印刷不明瞭で右手になにを持っているのか判別できなかったが、大抵のマルセイユ系タロットでは両手にそれぞれバトンを持っており、右手のバトンは地面と水平に、左手のバトンは垂直に構えている。

XXI　世界

バトンは奇術師（1番）が持っていたバトンとそっくりだ。バトンはもちろん男性器の象徴で、玉のついたネックレスは、その形から女性器の象徴でもある。バトンは男性が発揮する力を、ネックレスは女性が発揮する魅力を象徴する。2と1が結合した21番では、男と女を象徴する2つのアイテムを持った性別不明の人物が登場するというわけだ。

　子宮で眠る胎児は、男の子のときもあれば女の子のときもある。陰部を隠している絵を見せられると、ついつい男女どちらなのか決めたくなったりするものだが、マルセイユ系タロットは隠すことで両方の可能性を示唆しているのだと筆者は思う。つまり、不必要に意味を限定してしまうような描き方を避け、多様な解釈ができるようにしているのだ。

◉第五元素

　人間の体は物質でできている。分子や原子レベルでみれば環境に存在する諸元素と同じものでできている。しかし物質は痛みなど感じない。物質は意識を持つだろうか。物質の体のどこを探しても意識は見つからない。しかし誰もが自分は意識をもっていると感じているだろうし、また世界に対して「気づき（awareness）」と「生きている」という実感をもっているだろう。自分も含め、他人や動物や昆虫を見て、生きていることに気づいている。

　物質は世界に気づかない。物質が世界を映すことはあっても、「観る」ことはない。物質は「観る者」になれない。「生きている」とも感じない。監視カメラに外界は映し出されるが、監視カメラは世界を観ているわけではない。今や監視カメラの映像をコンピュータが解析して、被写体の人物を追跡することすらできる時代だが、それでもコンピュータは追跡しているものを気づきをもって見ているわけではない。それはただの自動機械にすぎない。

　肉体の中をいくら物理的に探しても見つからないけれど、やはりあるとしか思えないものが肉の体には宿っている。四大元素に属さないなにかがあるように感じられる。それは「意識」「魂」「霊」「心」「精神」「観る者」などと様々な呼び方があるが、正確な区別をつけることは難しい。とりあえずここでは「魂」ということにしておこう。

世界と愚者の二枚のカードを並べてみよう（図31）。世界の左隣に置かれた愚者はまるで世界のゲートに向かって歩いていくように見える。右隣に置かれた愚者はゲートを出て遠ざかっていくように見える。遠近法が使われていることがわかるだろう。

　タロットの1番から21番までは、四大元素でできたこの世のすべての被造物や森羅万象を表すと考えよう。それに対し愚者は、四大元素に属さない「魂」だ。愚者はミムスが言うように、"あれでも、これでもねぇ。魚でも肉でもねぇし、人間でも動物でもねぇ。神様のものでもねぇし、悪魔のものでもねぇ"存在が無の**なにか**だ。

　肉体の中をいくら探しても魂はみつからないが、それは20番の天使によっ

図31

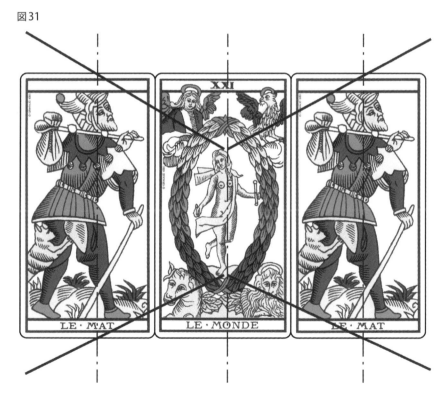

世界のゲートに出入りする愚者

XXI 世界

209

て棺の中の人物に吹き込まれた「命の息」かもしれない。吹き入れられた命（魂）が四大元素で構成されたものではなく、別次元（別空間・異世界）に存する元素（マテリアル）だとしたらどうだろう。それは第五元素として想定できる。しかし、それは神が住む世界の空気（風）で、異世界の四大元素の一つということかもしれない。つまり、世界が四つの元素からできているという法則は、神が住む世界であれこの世であれ不変だが、この世をいくら探したところで見つかるのはこの世の四大元素であって、神が住む世界の四大元素（構成要素）ではないということだ。

●般若心経

仏教では、人間は〈色・受・想・行・識〉の五つの要素から構成されていると説く。

〈色〉は自分の外側に存在する物質的現象。肉体も心から見れば外的なもので物質的現象とみなせる。

〈受〉は身体感覚のことだ。五感や、空腹や排泄などの内臓の感覚、上下感覚、運動感覚など、肉体から受け取るあらゆる身体感覚を意味する。〈色〉は外界にあるといっても、感覚器官を通して心の中に現れたクオリアを見ているだけで、物質そのものを見ているわけではない。監視カメラのモニター（〈受〉）ごしに外界（〈色〉）を認識しているようなものだ。カメラがモノクロなら、濃淡だけで表現された物質的現象しかわからない。人は〈受〉を通してしか〈色〉を知覚することはできない。「感覚」つまり〈受〉とはクオリアのことなのだ。

〈想〉は「心に想う表象」とされる。喜怒哀楽の「感情」や過去の経験の想起が含まれる。〈想〉の中には「感情」が含まれるが、それだけではなく「桜の花」と聞いて咲き誇る桜の花の映像を想い浮かべたり、物事が実行に移される前に「多分、こうなるのではないかなぁ」と結果を予想したりもするのも〈想〉だ。〈想〉は「感情」よりもより広い意味をもった、抽象度の高い概念である。

〈行〉は「我々を内側から作り出す力（形成作用）」とされる。行為・行動することで人生は変化する。ああしよう、こうしよう、これにしようなどと〈想〉っているだけではなにも変わらない。実行するから変化が起きるのだ。それによっ

て未来は変化し、自分もそれによって変化する。「意志」が我々を作り出している。

〈識〉は識別作用で、「思考」のことだ。言葉を認識したり、数を計算したりする。猫を見て猫についての知識と結びつけ、「これは猫である」と「事物に名前をつける機能」とも言える。知識も〈識〉なるものだ。ところで、動物は「思考」をあまり持っていないと言われる。確かに人間のような思考力はないだろう。しかし、食べられるものとそうでないものを識別したり、飼い主と他人を識別したりするところをみると、〈識〉は動物にもそれなりに備わっていると言える。〈識〉もまた「思考」より広い意味をもつ、抽象度の高い概念だ。

〈色・受・想・行・識〉はセットで五蘊と呼ばれ、それぞれは便宜上「物質的現象・感覚・感情・意志・思考」とみなしてもよいだろう。そして五蘊は世界の図像と照応する。

〈色〉	地球	世界の娘	土	肉体	物質的現象
〈受〉	おうし座	牛	土	感覚	身体感覚
〈想〉	さそり座	鷲	水	感情	心に想う表象
〈行〉	しし座	獅子	火	意志	形成作用
〈識〉	みずがめ座	人	風	思考	識別作用

〈受・想・行・識〉は、人間が内にもっている心の諸機能。〈色〉は肉体とその周囲も含めた物質的現象だ。

般若心経は「色即是空、空即是色」と、まず〈色〉は実体がなく〈空〉なるものであるとし、次に「受想行識亦復如是」と、〈受・想・行・識〉も同様に〈空〉だという。ただし、〈空〉は虚無ではなく、〈色・受・想・行・識〉を展開する種のような性質を有しているとされる。種が〈空〉、種が発芽して成長・活動し続けているのが五蘊だ。

この世の存在物に実体がないというのは、例えるならバーチャルリアリティ（VR）で作られたゲームの世界のようなものという意味だ。その中では、目に見えたり、ものに触れたりする感覚こそあっても、実体はない。幻を、あたかも実在するかのように錯覚させられているだけだ。

XXI 世界

ところで、VRゲームだと"パソ消して 消える美少女 映るデブ[4]"という
ようにゲームからログアウトするとアバターの人生から本来の人生に立ち戻る
が、般若心経によれば、本来の人生というような立脚点もないことになる。『「私」
という存在』は、過去の経験の記憶や知識である〈識〉や〈想〉によってできて
いるのに、般若心経ではそれら五蘊すべてが幻である（実体がない）〈空〉なるも
のだと言うためだ。パソ消すと、もはやなにも映らなさそうだが、これがブッ
ダの到達した究極の悟りとされる。宇宙の中の「私」が消えたことで「宇宙す
べてが私」となるのかもしれない。

　21番のカードは実は鏡で、「空なる者」である愚者が自分を映し出す鏡のあ
る場所にやって来るのだと考えよう。世界の図像は、愚者の本性、五蘊で構成
された人間の本質を象徴しているのだ。愚者は〈空〉を映し出し展開させる水
鏡に転落し、地上に生まれてしまう。彼は五蘊と同化して四苦八苦の人生を歩
んだのち隠者となり修行の果てに五蘊との同一化が解けて、「空なる者」に戻っ
ていくのかもしれない。

●愚者は虚数

　〈空〉はサンスクリット語で śūnyatā（シューニャター）といい、インド数学では
ゼロを意味する。愚者にゼロという番号を与えたタロットが多数あるが、五蘊
の外にいる、あるいは五蘊の縁にいる、〈空〉である愚者にあえて数字を与える
としたら、筆者は虚数 i （$i=\sqrt{-1}$）を与えるのもよいのではないかと思っている。
それは概念的に実数とは異なる空間にある数だ。虚数 i を二乗するとマイナス
1になるが、1番（奇術師）と表裏一体の愚者にふさわしい。

　マルセイユ版の愚者には番号がついていないので、カードを順に並べたとき、
愚者をどこに置くべきかという議論があって、1番の前に置いたり、21番の後
に置いたりする。愚者は0番と考えられたり22番と考えられたりする。ゼロは
「からっぽ」、2は鏡、22は合わせ鏡なので「無限」、2＋2＝4なので、皇帝（4番）
と近縁という解釈もできる。20番と21番の間に配置するという説もあり、そ

4　インターリンク　第11回オタク川柳大賞　一位の作品。　http://www.575.moe/eleven/ （2018
　年2月3日閲覧）

れは愚者が世界の門のゲートに入っていったり、あるいは出ていったりする存在という考えからきているのだろう。

とはいえ、愚者には番号がなく、数の体系の中にないのだから、どこに配置するかと問うこと自体愚問なような気がする。だが、どうしても数体系に組み入れたいのであれば、虚数ということにしてしまえばいいのだ。虚数は実数の順列には与しない。しかし実数とともに協調して働くことができる。つまり、どこに置いてもよいのだ。

●ダライ・ラマの亡命と吉祥布

チベットやネパールでは、出会いや別れの際にカタ(吉祥布)という長いスカーフを相手にかける習慣が伝わっている。ちょうど世界の娘が肩からまとっている布そっくりの品だ。また葬儀のときにも遺体にカタが供えられる[5]。

1959年、24歳のダライ・ラマ14世は、チベットからインドに亡命した。当時のチベットは中国から侵略を受けており、国家元首であるダライ・ラマにも危険が迫っていた。チベットの民衆からダライ・ラマの亡命を望む声が高まり、彼は外国からチベットの解放を訴えるためにインドへの亡命を決意した。チベットを去る前に彼はカタを祭壇に供えて祈りを捧げたことを自伝に記している。

"祭壇の前に進み、カタ(スカーフ)を供えた。これは、旅立ちの際の伝統的習慣で、神を宥めるだけでなく、帰還の意志表示でもある[6]。"

肩にかけたスカーフはヘソの緒の象徴だ。世界のゲートをくぐり抜け、異なる世界に生まれ出る(旅立つ／移行する)世界の娘にカタがかけられているのは、とても自然なことではあるまいか。亡命は閉じられた円環である国境線のゲートをくぐって別の世界に移行するような行為といえるだろう。

タロットの象徴は文化圏を越えて、世界中の神話や宗教的風習に結びつく。タロットに様々な知識を結びつけ、自分の心の中に形成されるタロットを育てることが、タロットを使うということだ。

5　河邑厚徳, 林由香里 『チベット死者の書　仏典に秘められた死と転生』 日本放送出版協会　1993年　第15刷　p114
6　ダライ・ラマ 『ダライ・ラマ自伝』 山際素男／訳　文春文庫　2009年　第21刷　p218

第3章

タロットと物語（おはなし）

『出エジプト記』と大アルカナの照応

　大アルカナの全ての解説を終えたところで、筆者がこれまでに見つけた、大アルカナ全体とうまく一致する物語をこれから紹介していこう。それを読めば、まったく似ても似つかない複数のおはなしが、どれもタロットの抽象パターンに沿っているということに気づくだろう。

　16番（神の家）の説明のところで、塔の周囲に浮遊している丸い粒が天から降るマナかもしれないと述べたが、まずその根拠である旧約聖書の『出エジプト記』の話から始めよう。『出エジプト記』の各章と同じ番号の大アルカナ・カードには、象徴的な関連性を見いだすことができる。それを指摘するのが本稿の目標だ。

　『出エジプト記』は、古代エジプトで奴隷の境遇にあったイスラエルの民が、モーセに率いられてエジプトを脱出し、新たな土地をめざして民族大移動をするおはなしだ。その過程でモーセが海を割ったり、民が飢えたとき天からマナという食べものが降ってきたり、神から十戒を授かったりする。少しは聞き覚えがあるのではなかろうか。この物語は『十戒』[1]という映画にもなっている。ハリウッド黄金時代の超大作の一つだ。

　『出エジプト記』は全40章あるが、12章から20章が12番から20番に一対一で照応している。これはとてもわかりやすい。しかし1章から11章はゆるやかに照応しているようには見えるが、強いて言えばそう見えるという程度だ。

● 1〜4章　モーセ誕生

　古代エジプトにはエジプト人に混ざってイスラエル人が大勢暮らしていたが、「もし戦争が起きたとき、数の多いイスラエル人が敵側についたらやばい」と考えたファラオ（王）は、イスラエル人たちに重労働を課して虐待した。しかしそれでもイスラエル人の人口は減るどころか増え続けた。ファラオは「イ

1　『十戒』　1956年公開　セシル・B・デミル／監督　アメリカ

スラエル人に生まれた赤子が男の子なら殺せ」と、全国民に命令を発した。

そんな中、ヤコブの子、レビの氏族の女が男の子を産んだ。三ヶ月隠していたが、これ以上は無理と諦め、赤子を籠に入れナイル河畔の葦の茂みの間に放置した。

赤子はエジプトの王女に拾われ、モーセと名づけられ育てられた。

成人したモーセは、ある日、強制労働に服しているイスラエル人を虐待するエジプト人を目撃し、そのエジプト人を殺してしまう。それはファラオの耳にも入り、モーセは追われる身となった。モーセはよその地に逃亡した。

モーセは逃亡先で七人の娘たちを悪い男たちから救い、そのうちの一人と結婚し子供をもうけた。

長い年月が過ぎ、赤子を殺せと命じたファラオも死んだ。

結婚後、モーセは羊飼いをして暮らしていたが、羊を追って神の山ホレブに来たとき、炎の姿をまとって主があらわれた。

「私は神である。わたしは、我が民の苦しみと叫びと痛みを知った。モーセよ、民をエジプトから連れ出すのだ。乳と蜜の流れる地に導いてやろう。イスラエルの長老たちにわたしの言葉を伝えるのだ」

「俺は口下手だし、神が言ってるなんて話しても、誰も信じてくれるわけがないじゃないですか」

主はモーセが持っていた杖を、魔法で蛇に変えて見せた。

「わたしが色々と奇跡を見せるから連中は信じる」

「他の者に頼んでくれませんか。俺は喋るの苦手なんです」

「おまえには実の兄弟のアロンがいる。おまえに会おうと今こちらに向かっている途中だ。あいつは雄弁だから、二人で事に臨めばいい」

結局、モーセは神に押し切られてしまった。

エジプトについたモーセとアロンは、イスラエルの長老たちを集め主の言葉を伝えた。そして民の前で魔法を披露したので、彼らはモーセたちを信じ、モーセは民の指導者になった。

ここまではモーセの誕生、娘との出会いと結婚、出産、指導者になるという流れで、1番（奇術師）から4番（皇帝）の流れが描写されている。

『出エジプト記』と大アルカナの照応　　　217

●5〜11章　ファラオとの交渉

　モーセとアロンはファラオと交渉を開始した。これまではイスラエル人社会の話だったが、エジプトという外の社会との折衝が始まった。教皇（5番）は社会参加がテーマだ。ファラオは教皇、その下にいる二人はモーセとアロンとみなせる。

　モーセはファラオに言った。

　「イスラエルの民を奴隷から解放し、エジプトから去らせてほしい……と、我らの神が言ってるんです」

　こんな言い方をしたのがまずかったのか、ファラオは奴隷たちが怠けようとしていると考え、意地悪して仕事をきつくした。

　さらに厳しくなった重労働によって、イスラエルの民は戦う意欲を失い、モーセのいうことを聞かなくなってしまった。5番の次は恋人（6番）で、語らいあい、信頼しあうことがテーマだが、モーセは同胞に信頼されない。

　しかし主は強気だ。

　「わたしの力の前にファラオは要求を呑むことになる。さあ、モーセ、ファラオのところに行け！」

　「同胞にすら話を聞いてもらえない私の言うことを、ファラオが聞くわけないじゃないですか」

　「では、わたしがおまえに話す。おまえは兄のアロンに話せ。兄がファラオや民と話す。ファラオにとってはおまえが神で、アロンは神の言葉を伝える預言者の役だ。これならいいだろ？」

　これは7章で、ここには馬車（7番）の構造がある。主人（神）が駆者（モーセ）に命令し、駆者は馬（アロン）に命令する。しかしファラオから見たとき、馬車には主人（神）の姿は見えず、7番の図像の通り駆者と馬しか見えない。駆者のモーセが神に見え、馬のアロンは預言者に見えるということだ。

　主は言った。

　「これからファラオの心を頑なにして、こちらの要求を受けいれないようにする。しかし交渉は続けるように」

モーセとアロンはファラオの所に行き、杖を蛇に変える魔法を見せ、要求を呑むように脅したが、ファラオは要求を拒否した。

　次にナイル川を血に変えて水を汚染した。しかしファラオは相手にもしなかった。主がファラオの心をそのようにしたからだ。

　心を操れるなら、反対に心をやわらかくして即日要求を受けいれさせたり、仲良く暮らしたりすればいいのに、主は争いごとが好きらしい。

　主は様々な災いをエジプト全土に引き起こし、モーセを通じて「民をエジプトから去らせよ」と言い続けた。

　7章から11章までは主の攻撃が続く。ファラオは主によって「うん」とは言えなくされているので「だめだ」としか言えない。そのたびに攻撃はエスカレートしていった。ナイル川の汚染に続き、エジプト全土に蛙、ブヨ、アブを出現させたり、疫病、腫れ物を蔓延させ人と家畜を殺したり、雹やイナゴで家畜や作物をだめにしたり、三日間つづけて真っ暗闇にしたりと嫌がらせを続けた。しかしイスラエル人にはまったく被害はなかった。

　モーセはファラオに十番目の攻撃の予告をした。

　「これ以上要求を拒むなら、エジプト中の初子がすべて死ぬことになる。家畜の初子までも死ぬ……と、うちの神様がいってますけど」

　ファラオは拒否しかできなかった。

　7章（戦車）から主のエジプトへの攻撃が始まった。8章（正義）ではファラオが妥協案を示し調停の試みが見えたが、結局は「だめだ」としか言えなかった。9章（隠者）では雹が降る予告が為され、事前に安全な場所に隠れた者は難を逃れる。しかし10章（運命の輪）のイナゴや暗闇、11章（力）の初子を殺すという最後通告などにはほとんど関連を見いだせない。無理にこじつけるのはやめておこう。

◉12章（振り子）　エホバ、大虐殺を敢行

　モーセは、イスラエルの民に言った。

　「俺たちの神が国中の初子を皆殺しにしてまわるから、その日おまえらは家に引きこもって羊の焼肉を食べていること。それと玄関には羊の血で印をつけ

ておくように」

　羊肉は必ず焼いて食べないとだめで、生食や煮るのは禁止だ。玄関に血で印をつけるのは、神との約束で、印のある家の初子は殺さないことになっていた。

　振り子は子宮の中で育つ赤子の寓意だが、引きこもってごちそうを食べているようにも解釈できる。神は予告通り仕事をしてエジプト人の初子を皆殺しにしてまわった。ファラオの息子も死んだ。吊された男（12番）は処刑も意味する。エジプト人の各家で次々と子供が死に悲鳴が上がる中で、イスラエル人たちは家に閉じこもって飯ウマしていた。羊を焼いて食べていろというのは、エジプト中に焼肉の香りをただよわせるためだろう。ものすごく性格が悪い。

　そして神はこの血塗られた月を、イスラエル暦の年の初めに制定した。振り子は時を刻む。独立したイスラエルという国が始動し時計が動き始めたのだ。

◉13章（無題）　出エジプト

　ファラオはとうとう折れ、主の要求を呑んだ。

　イスラエルの民はエジプトを出立する。妻子を別にして壮年男子だけでおよそ六十万人。家畜もつれていったという。

　イスラエルの民はファラオが治めるエジプトという畑（13番）から出ていった。これでエジプトとの縁が切れたと思われたが……。

◉14章（節制）　モーセ、海を割る

　ところがファラオは、「やはり労働力がなくなるのは困る」と気が変わって、軍隊を出して連れ戻しにきた。目の前は海、背後からはエジプト軍が追いかけてくる。モーセが杖を振ると海が割れて道ができた。イスラエルの民はその道を通って逃げ切ったが、それを追ってきたエジプト軍は海に呑まれて全滅してしまう。

　節制の天使は別世界への橋渡しだ。その過程で、重いものと軽いもの、清いものと汚物を選別する。エジプト軍は沈んでしまった。イスラエルの民はこの章で完全にエジプトから解放された。

◉15章（悪魔）　民が主を崇拝する

　海をも割る絶大な力を持った主なる神を賛美する歌が続く。悪魔は崇拝することを暗示している。

◉16章（神の家）　エホバ、マナを降らす

　しかし今度は荒れ野で食料が尽きてしまった。「エジプトにいたときのほうがよかった、あのときは腹いっぱい食えたのに」と民は愚痴をこぼし始めた。かつて住んでいた家を思い出して嘆いたのだった。

　さっきまであんなに主を褒め称えていても、民衆なんてものはそんなものだ。モーセは神に、「このままだと俺みんなに殺されちゃうよ、なんとかしてくれよ」と泣きを入れた。

　すると天からコリアンダーの実のように白くてウロコのように薄く壊れやすい蜜の味がするウェハースのような、マナが降ってきた。天使のパンともいう。

　16番（神の家）は、隷属を強いられたが飯は食えたエジプトの家。主の力がエジプトの家を天から撃ち、イスラエルの民はそこから出ていくことになった。

　16番の絵で地面に落ちている二つの白い丸みのある石のようなものは、エジプトで食べていた種（イースト菌）を入れたおいしいパンなのだ。表面にはこげ目がついている。家出によって、それまでのパン、つまり命の糧は地面に落ちてしまいもう食べられない。民は飢えに苦しむことになった。かわりにエホバは空からマナを降らせた。塔の周囲にあるたくさんの丸い粒は、天から降るマナだ。

◉17章（星）　モーセ、水を湧かせる

　民は「水がない」と騒ぎ出した。神はモーセに、「ナイル川を血に変えたときの杖を使え」と言う。その杖で地面を叩くと水が出た。民は飢えと渇きから回復した。星の娘は回復力の象徴で、豊かな水も描かれている。

『出エジプト記』と大アルカナの照応

◉18章（月）　エトロ、モーセに民の管理法を教える

　民がひっきりなしにモーセのところに押し寄せて、あれこれと指示や判断を求めるのでモーセは多忙を極めていた。そこにモーセのしゅうとのエトロがやってきて、「民というのは、社長、部長、課長、係長、ヒラというような感じで階層構造をもった組織にして、意志決定を各階層のリーダーたちに分散して統率するといいんだよ」と教えて帰っていく。

　18番の絵は犬的な社会構造によって管理された世の中の寓意だ。犬の群れには厳しい上下関係がある。また、月には大衆とか母とか女性全般、家族や親族といった意味があり、しゅうとのエトロも月に該当する。

◉19章（太陽）　モーセ、主と対面する

　シナイ山のまわりに柵を作り部外者が入れないようにしたあと、モーセとアロンが山に登って神と会う。太陽（19番）の下には柵が描かれ二人の子供がいる。太陽は神、二人の子供はモーセとアロンだ。

◉20章（審判）　モーセ、十戒を授かる

　天から雷鳴とラッパの音が鳴り響き、神からモーセに十戒が授けられる。十戒はイスラエル人が守らなければならない十のルールだ。

　20番の絵がこのイベントを暗示していることは自明だろう。

◉21章（世界）　エホバ、法を敷く

　村や国、人の住む世界には、かならず法律やルールがあるものだ。21章からはイスラエルの民が守らなければならない法律や宗教儀礼の決まり事が続く。物語としては20章でひとまずの終わりを迎えたとみなせる。

　エジプトを出たあと、モーセ存命中は約束の地に着くことはなかった。イスラエルの民は四十年間も荒れ野をさまよい続けた。モーセが世を去り、ヨシュアが後を継いだとたん、イスラエルは侵略戦争を始める。その様子は『ヨシュア記』に書かれている。

ホロコースト（『夜と霧』）

　第二次世界大戦中のドイツで、大勢のユダヤ人が強制収容所のガス室で殺された。どういうものだったかはフランクルの『夜と霧』[1]という本が有名だろう。ナチス秘密警察が夜中にこっそりやってきて、ユダヤ人一家を全員つかまえて連行してしまう。昨日まで住んでいた家族が、一晩で霧のように消えてしまうのだ。

　『出エジプト記』はフィクションだったが[2]、これはノンフィクションだ。一種の極限体験として例に挙げる。タロットのパターンは、架空の物語だけではなく、現実の中にも見いだせる。

◉11番（力）　秘密警察が捕まえに来る

　ナチス秘密警察は夜中にユダヤ人の家を訪れて、なにも心配はいらないと優しく言ってつかまえる。裏情報を知っていて逃げ出す者にはもちろん容赦しない。これは力のカードにふさわしい。

◉12番（振り子・逆位置）　列車で立ったまま揺られて

　連行される人々は家畜用の列車に詰め込まれ、数日揺られて長い旅。大勢が立ったまますし詰め状態で窓もなければトイレもない。途中で死んでしまう人もいた。これも子宮体験の一種だ。

◉13番（無題）　選別人が生か死を決める

　強制収容所に到着すると、選別人がいて、ある者は右へ、ある者は左へ、そしてたいていは左へ進むよう、無言のまま指先で指示された。右に進んだ者には強制労働が、左に進んだ者にはガス室が待っていた。

1　ヴィクトール・E・フランクル　『夜と霧』　池田香代子／訳　みすず書房　2002年　（および旧版　霜山徳爾／訳　みすず書房　1985年）
2　大昔の神話なので真相はわからないが筆者には実話とは思えない。

◉14番（節制）　シャワールームで洗浄

　どちらに振り分けられた人も、みんな身ぐるみはがれて裸にされ、坊主頭にされ全身の毛を剃られた後、シャワールームに案内された。強制労働組ならシャワーから水が出てきた。つまり洗浄だ。ガス室組だったときは室内に毒ガスが充満した。

◉15番（悪魔）　悪魔の家の強制労働

　フランクルは心理学者だったので、その観点から強制収容所生活での人々の様子を観察している。収容者には感情の消滅と鈍磨、内面の冷淡さと無関心の徴候が出てくるという。収容所ではしょっちゅう殴られたり罵倒されたり、仲間が殺されたり自殺したり、そういう状況下での人々の感情は恐怖で縛られやがて凍りついて動かなくなってしまう。しかしそれは心の防衛反応だという。

　過酷な強制労働の日々が続いた。ガス室に送られた人々は心臓も呼吸も止まり動かなくなった。

◉16番（神の家）　ガスかまどからの救出

　このカードは「悪魔の家」と題されていたこともあるそうだが、強制収容所はまさにそういう場所だ。過酷な収容所生活でどう生きるか。人間性もプライドも尊厳も捨てて堕落していく者が大半の中で、最後までそれを失わず、勇敢でプライドを保ち、人間としての崇高さに達した少数の人々もいたという。普通の生活ではありえないほどの崇高さに。ここは「神の家」だ。

　神の家は収容者たちが「ガスかまど」と呼んだ火葬場でもある。遅かれ早かれみな火葬されてしまう。しかしごくまれに助かることもある。ナチス・ドイツが敗北し、連合国軍がやってきて救出されたのだ。収容所で殺された人の数に比べれば微々たるものだろうが、フランクルも救出された一人だ。神の家から助かる道は、外からの力で救われるくらいしか希望はないらしい。

◉17番（星）　飢餓からの回復

救出された人々は、飢えと病いから回復し始めた。殺されてしまった人々は自然に還った。詩的な表現なら星になった。

◉18番（月）　日常が戻ってきた

戦争は終わり、救出された人々も秩序ある平和な生活に戻っていった。戦争犯罪人は捕まった。

アウシュビッツの物語は、だいたいこのあたりで終わる。だから19番からは筆者にはよくわからないが、想像で補うなら次のような感じだろう。

◉19番（太陽）　蛮行は白日の下へ

強制収容所で行われていたナチスの蛮行は、終戦直後はあまり知られていなかった。救出された人々ですら、大量殺戮が行われていたことを知らなかったくらいだ。しかし終戦後、生き残りたちの様々な証言から、なにが行われていたか白日の下にさらされた。

◉20番（審判）　裁かれる元ナチス

被害者への救済措置がとられたり、強制収容所に関わっていたナチス親衛隊員が裁判で裁かれたりした。

◉21番（世界）　物語の完成

忌まわしい過去は語り部の中で整理され相対化され、『夜と霧』という一冊の本になって世に出る。著者が亡くなったあとも、その経験と記憶は生き続ける。

ホロコースト（『夜と霧』）

『ヨハネによる福音書』と大アルカナの照応

　『ヨハネによる福音書』は全21章からなる。各章と同じ番号の大アルカナ・カードは、各章の物語と象徴的な関連性を見いだすことができる。ただし愚者のカードは例外で、今回は除けておくことにしよう。

　聖書（新共同訳）の中には、マタイ、マルコ、ルカ、ヨハネによる四つの福音書が含まれている。どの書も今から二千年くらい前に書かれたようだ。伝統的に、それぞれが使徒のマタイ、マルコ、ルカ、ヨハネが著者ということになっているが、確かなことはわかっていない。

　どの福音書もイエスが弟子たちを引き連れて、各地で奇跡を起こし教えを説いてまわり、やがて十字架にかけられた後、復活したことを描いている。しかし、それぞれ著者が違うので、内容も少しずつ、時には大きく、違っていたりする。一つの福音書を読むだけではわからないことが、残りの福音書を読むことでわかることもある。

　『ヨハネによる福音書』は、史的イエスを反映していないと言われる[1]。これはイエスというキャラを使ったフィクションらしい。

　本稿はそのフィクションを元に、タロットにからめておもしろおかしく綴った二次創作みたいなものだ。宗教のことは忘れて気軽に楽しんでほしい。

　筆者はわかりやすさを優先し、多少の誤謬は承知の上で福音書の文章をかみ砕いて表現する。なお、原文通りのときはダブルクォート（” ”）でくくって引用する。

　また、この章はぜひ巻頭のマルセイユ版の図像を見ながら読んでほしい。そうすれば絵物語のようにわかりやすく読むことができるし、カードをみるとイエスの物語を思い出せるようになるだろう。

　本稿だけで物語のあらすじもわかるように心がけたが、聖書の原文もぜひ読んでみてほしい。筆者がどのように言い換えたかがわかり、きっと楽しんでも

1　“高等批評”　Wikipedia日本語版　（2018年1月12日閲覧）

らえると思う。また、本稿では書ききれていないタロットとの照応も、多数見つかるだろう。ヨハネによる福音書は長い物語なので、見いだしたすべてのことを表現するには無理があるのだ。

◉1章（奇術師）　イエス、ペトロを弟子にする

"初めに言があった。言は神と共にあった。言は神であった。"

物語はこのように始まる。世界は言葉でできている。詐欺師（1番）は言葉で世界を作り、人をその中に引きずり込む。

「見よ、神の小羊だ」と言って、洗礼者ヨハネはペトロともう一人の弟子にイエスを紹介した。洗礼者ヨハネはヨルダン川で、ユダヤ全土から集まった大勢の人々に洗礼を授けていた。イエスもまた、彼から洗礼を受けた者の一人だ。だからイエスの師のようにも見えるが、キリスト教ではイエスの道を用意した者とされ、師としては語られない。この福音書を書いたとされる使徒ヨハネとは別人だ。

紹介されたペトロら二人はイエスの弟子になった。

（『マタイによる福音書』によれば、この二人は兄弟で、漁師をしていたのだが、イエスに「人間をとる漁師にしてやる」と言われ、網を捨てついて行くことにしたとある。旅する愚者についていく犬になったのだ。）

イエスは弟子たちに言った。

「天が開け、神の天使たちが俺の上に昇り降りするのを、おまえたちは目にするぞ」

奇跡を起こすイエスのおはなしの、はじまり、はじまり。

イエス一行はパレスチナの北方、ガリラヤに向かった。

◉2章（女教皇）　イエス、母に悪態をつく

ガリラヤのカナで婚礼があり、イエスと弟子たちも招かれた。そこにイエスの母がいた。

2　たとえば「オレオレ詐欺」もそういうことだ。

「イエス、お客に出す葡萄酒がもう無いのよ」

「ババァ、そんなの俺には関係ないだろ、俺、今、そんな気分じゃねえんだよ、あてにすんなよ」

反抗期のようなイエスの言葉を母はスルーし、召使いたちに「この子が何か言いつけたらその通りにしてね」と言った。そして母は立ち去ったが、あきらかにイエスの超能力をあてにしているようだ。

やがてイエスは召使いたちに、大きな水がめ六つに水を満たして宴会の世話役のところに持っていけと指示した。すると水がめの中身は極上の葡萄酒に変わっていた。

過越祭が近づいたので、イエスはエルサレムに行った。神殿に入ると、不敬にも家畜を売ったり両替業を営んだりしている連中がいる。

「俺の父の家で商売するな！」

イエスは激怒し、家畜を追い払い、両替屋の金を床にぶちまけ大喧嘩した。

水や葡萄酒に満たされた水がめは女性器の象徴だし、イエスの母、つまり聖母マリアの登場も、イエスが神殿に入るのも、女教皇の象意だ。女教皇は神殿の大祭司なのだから。

過越祭の期間中、イエスは様々な奇跡を人々に見せ注目を集めたという。

●3章（女帝）　イエス、人々に洗礼をさずける

神殿でのさわぎが耳目を引いたのか、一人の議員がイエスを訪ねて来た。イエスは議員に熱く語った。

「人は新たに生まれなければ神の国を見ることはできない。肉体から生まれたものは肉体にすぎない。霊から生まれたものは霊である。人は水と霊とによって生まれなければ神の国に入ることはできない。」

議員はにわかには信じられない様子だったが、感じるものはあったらしい。

イエスを信じ集まってきたたくさんの人々に、イエスと弟子たちは洗礼をさずけた。

洗礼は新たに生まれかわる儀式で、洗礼者が入信者を川の水に沈め、再びひっぱり上げるものだ。人は生まれるときに産道の川を下り、生まれ落ちると産

湯をつかう。生み出す母である女帝はそれを象徴する。

●4章（皇帝）　イエス、俺がメシアだと名乗る

　イエスの一行は、サマリアの町を通りかかった。弟子たちは食料の買い出しにでかけた。井戸のそばで休んでいたイエスは、水を汲みに来た女に言った。
　「水を飲ませてくれ」
　「あら、ユダヤ人は私たちサマリア人とはかかわらないんじゃなかった？」
　「俺が誰か知っていたなら、おまえのほうから水を飲ませてくれと頼み込んでくるのにな。そしたら生きた水を飲ませてやるのに」
　「偉いのねえ。先祖のヤコブがこの井戸をわたしたちに与えてくれたのだけれど、あなたはヤコブより偉いのかしら」
　「ここの水を飲んでも、また喉が渇くだろ？　だが俺の水を飲む者は決して渇かない。永遠の命に至る水なんだぜ」
　それなら水を飲ませてくれなんて言うなよ、と言いたいところだが、彼女は男あしらいがうまかった。
　「その水をちょうだい。ここまで汲みにこなくてよくなるなら助かるわ」
　「よし、じゃあおまえの夫をここに呼んでこい」
　「夫はいないわ」
　「そのとおり、おまえに夫はいない。いままでに五人の夫がいただろ？　いま連れ添ってるのは夫じゃない」
　イエスは下世話な占い師のようにプライバシーを言い当てたが、いないと知っていてなぜ夫を呼んでこいと言ったのだろう、と女は思ったに違いない。しかしそれは口にせず、
　「すっごーい、あなた預言者かもね、あたし、キリストと呼ばれるメシア（救世をもたらす王）が来る話を知っているわ」
　「それ、俺だよ俺、俺がそのメシアだ」
　イエスはメシアであることを自ら名乗った。これは皇帝（4番）の象意。またこの章では夫の話題が出たが、それも皇帝の象意だ。
　女は町の人々にイエスのことを言い広めた。

『ヨハネによる福音書』と大アルカナの照応

「みなさーん、見に来てください！ この方がメシア**かもしれなくってよ！**」

　かもしれないと先に逃げを打っているところが、この女のしたたかなところ
だが、女の言葉で皆イエスを信じるようになった。ちょろい住人たちである。
五人も夫がいた女だ。きっと魅力的だったのだろうし、中二病っぽい男の扱い
にも長けていたに違いない。

●5章（教皇）　イエス、俺は神の子だと名乗る

　病気を治すといわれる池があった。"主の使いがときどき池に降りて来て、
水が動くことがあり"そのとき真っ先に池に入ると病気が治るとされていた。
池の周囲で多くの病人がその時を待っている。その中に重病で身動きできない
人がいて、「水が動いてもいつも他の人に先をこされてしまう」とイエスに嘆い
た。するとイエスはこの人を一瞬で治してしまったが、この日は戒律で一切の
労働が禁じられている安息日だったので、イエスの行為は掟破りとみなされた。

　イエスは神殿の中で説法した。神を自分の父と呼び、自分を神と等しい存在
だと言った。神からすべてを裁く権能を与えられているんだとか、死者も復活
させる力をもっているんだぞとか、言いたい放題言い放った。

　これは自分が、法を解釈する権利をもつユダヤの長老たちや神から律法を授
けられたモーセと同等の存在である、と主張したも同然だ。カトリックの信者
の前で自分は教皇と同等の存在だと言うようなものだ。なので、イエスに殺意
を抱いた人々が大勢いた。

●6章（恋人）　イエス、俺を信じるかと人々に問う

　山の上にイエスをめざして大勢が集まってきた。イエスは大麦パン五つを五
千人に分ける奇跡を行い、みなが腹一杯食べた。

　弟子たちは山を下り、船で湖を渡っていると、イエスが湖上を歩いて船まで
やって来た。イエスは6番のキューピッドのように宙に浮いたわけだ。

　船はすぐに目的地に到着し、イエスは大勢の前で説法した。

　"わたしが命のパンである。わたしのもとに来る者は決して飢えることがな
く、わたしを信じる者は決して渇くことがない。"

"わたしの肉を食べ、わたしの血を飲む者は、永遠の命を得、わたしはその人を終わりの日に復活させる。"

この話を聞いて、嫌悪感を示す者が多数いた。イエスを信じる人々は残り、信じなかった人々は去った。これは選択を表す6番（恋人）で、イエスと結ばれる者とそうでないものに別れたのだ。

イエスは、十二人の弟子の中に悪魔が一人いるという。悪魔はイスカリオテのユダであることが読者に明かされるが、弟子たちはまだそれを知らない。悪魔という語は6章で初登場する。6番の対極の15番は悪魔だ。

●7章（戦車）　イエス、働け

イエスはユダヤ人たちから命を狙われていたので、ユダヤを離れ故郷ガリラヤで活動していた。イエスの兄弟たちが冷やかした。

「イエス、有名になりたいんだろ。こそこそ逃げてないで、ユダヤに行っておまえの超能力を見せてやれよ。正々堂々、世に自分をはっきり示そうぜ」

イエスは言った。

「俺はまだ本気出してないだけ、おまえらとは住んでる世界が違うの」

『ルカによる福音書』の3章によると、イエスが宣教を始めたのはおおよそ30歳の時とある。イエスは大工の息子とされているが、兄弟たちの目には家業を手伝いもせず宗教にハマっているニートに見えていたのかもしれない。

さて、人が集まる機会を逃さないイエスは、祭りの日の神殿に出かけた。そこで「安息日にイエスは治療行為をした」ととがめる人々に反論した。

「おまえたちも安息日に割礼を施しているじゃないか。俺が安息日に病人を治したからといって、腹を立てるのはおかしいだろ？　どちらも医療行為みたいなもんじゃん。うわべだけで裁くことをやめて、正しい裁きをしろよ」

ユダヤの安息日は**七日に一度**、毎週土曜日で、一切働いてはいけない日とされる。食事をつくることすら禁止だ。

7番（戦車）は労働を象徴する。安息日の労働禁止の話は、結局は労働に関するテーマということだ。

イエスの兄弟たちがイエスに言ったことも、働くことと関係している。宗教

家になりたいなら、きちんと看板を掲げて自立しろということだろう。

◉8章（正義）　イエス、裁かない名裁きをする

　朝早くイエスが神殿の中で人々に教えていると、イエスを試そうとする律法学者やイエス否定派の連中が、女を連れてきた。

　"「先生、この女は姦通をしているときに捕まりました。こういう女は石で打ち殺せと、モーセは律法の中で命じています。ところで、あなたはどうお考えになりますか」

　「あなたたちの中で罪を犯したことのない者が、まず、この女に石を投げなさい」

　すると一人また一人と立ち去り、女とイエスだけが残った。

　「わたしもあなたを罪に定めない。行きなさい。これからは、もう罪を犯してはならない」"

　正義（8番）とは公平であることだ。

　ところでイエスが神殿で教えを説くのは、2章（女教皇）、5章（教皇）、7章（戦車）、8章（正義）なのだが、女教皇も教皇もどちらも神殿にいるキャラクターだし、正義の裁判官の背後には神殿の柱（門）がある。そしてイエスは女をモーセの律法では裁かなかった。門が幕で閉じられているのはそういうことだ。

　戦車は神殿とは違うだろうと思われるかもしれないが、これは家や人体を象徴していて、肉体は魂が宿る神殿とも呼ばれる。

　10章（運命の輪）でも神殿は出てくるが、この時のイエスは教えを説いていない。否定派をあしらっただけだ。

　ところでウエイト版8番（剛毅）は、獅子をてなずける女性だが、これだと8章との関連性は見いだせない。

◉9章（隠者）　イエス、盲人の目を治す

　イエスは生まれつき目が見えなかった物乞い人の目を治した。イエスは暗闇の中にいる人に光をもたらした。闇夜を照らす隠者（9番）の象意だ。

　しかしイエスを信じないユダヤ人たちは、元・盲人に言った。

「ほんとにやつが治したのか？ やつは罪人だぜ？」

"あの方が罪人かどうか、わたしには分かりません。ただ一つ知っているのは、目の見えなかったわたしが、今は見えるということです。"

隠者は俗世からしりぞいて、孤独と祈りに生きる人だ。一般の人でも、挫折や失意による孤独や内省を通じて、今まで見えなかったものが見えるようになったとはよく聞く話だ。隠者のように、歳を取ってから見えてくることもある。

●10章（運命の輪） イエス、元の場所に戻る

イエスはよき羊飼いのたとえ話をして、自分が何者なのか、どこから来てどこへ行くのかを人々に語る。1章で、洗礼者ヨハネがイエスを「神の小羊」として紹介したことを思い出そう。イエスは小羊として登場し、羊飼いとして自己規定する。全体を意味する10という数らしく、ここでイエスは自分の全体像を明らかにした。またそれによって否定派に絡まれ、捕らえられそうになったりもする。

そこでイエスは再び、1章でヨハネが人々に洗礼を授けていた場所に戻った。これは運命の輪（10番）。各地を一周まわって出発点に戻ってきたのだ。

●11章（力） イエス、死者を生き返らせ虎の尾を踏む

イエスの友人、ラザロが病気で亡くなった。死後四日もたっていたが、イエスは墓を開かせ、群衆が見ている前でラザロを生き返らせた。死者を蘇らせるという奇跡は最強クラスの力業だ。

この件で、ユダヤの祭司長たちとファリサイ派の人々は最高法院を召集した。

"このままにしておけば、皆が彼を信じるようになる。そして、ローマ人が来て、我々の神殿も国民も滅ぼしてしまうだろう。"

最高法院はイエスを逮捕すると決めた。これまではイエス一派と否定派の小競り合いにすぎなかったが、国家権力が動いて、正式に敵とされたようなものだ。イエスは権力と対決することになった。これは11番（力）の象意だ。

ところで、ウエイト版の11番（正義）は剣と秤をもった裁判官だ。イエスを捕まえることは、裁判とは違う。

『ヨハネによる福音書』と大アルカナの照応　　　233

◉12章（振り子）　イエス、葬りの日が近いことを告げる

　マグダラのマリアが、極上の香油をイエスの足に塗り、自分の髪でその足を
ぬぐう。ユダは「その香油を売って貧しい者への施しにつかうべきだった」と
とがめたが、イエスは言った。

　"この人のするままにさせておきなさい。わたしの葬りの日のために、それ
を取って置いたのだから。"

　イエスは自分の死へのプロセスが始まったことを暗に告げる。振り子(12番)
が時を刻みはじめ、カウントダウンが始まった。

　また、ユダは本心から貧しい者を想って言ったわけでなく、彼が教団の金を
横領していたからだと読者に明かされる。12番(吊された男)は罪人を意味している。

　イエスは言う。

　"一粒の麦は、地に落ちて死ななければ、一粒のままである。だが、死ねば、
多くの実を結ぶ。"

　3章においてイエスは新たに生まれる必要性を説いたが、対となる12章にお
いては、死ななければ生まれ変わることもできないことを告げる。木の間にぶ
ら下がっている吊された男は、熟し切って落ちる果実の象徴表現だろうか。

　イエスはやがて来る恐ろしい磔刑(12番)の運命を知っているらしい。

　"今、わたしは心騒ぐ。何と言おうか。「父よ、わたしをこの時から救ってく
ださい」と言おうか。しかし、わたしはまさにこの時のために来たのだ。"

　イエスは天の父に威光を顕してくれと祈る。すると天から父の声が聞こえた。
しかしその声は群衆には雷鳴や天使の声に聞こえた。つまり奇跡を行っても、
人々にはそれが見えなくなった。

　これまで数々の奇跡を顕してきたイエスだが、12章以降、20章の復活のと
きまで、奇跡を見せることはなくなる。これまでが昼側のサイクルだとすると、
夜側のサイクルが始まったのだ。

◉13章（無題）　イエス、ユダを切る

　イエスは、父のもとへ移る時が来たことを悟り、弟子たちの足を洗ってやる。

そして弟子たちもたがいに足を洗いあった。これは清めの儀式だった。

　その後、イエスは弟子の中に裏切ろうとしている者がいると皆に明かす。〈イエスが愛しておられた弟子〉が、イエスの胸もとに寄りかかったままたずねた。

　「主よ、それは誰ですか？」

　"わたしがパン切れを浸して与えるのがその人だ"

　イエスはパンをソースに浸しユダに与えて言った。

　"しようとしていることを、今すぐ、しなさい"

　ユダはすぐに出ていった。夜の出来事だった。

　イエスはユダを弟子の輪から切り離した。足を洗うこと、ユダを切ること、13番の象意だ。

　〈イエスが愛しておられた弟子〉とは匿名の弟子で、13章ではじめて登場し、イエスが十字架で死ぬ19章で再びスポットが当たる。この福音書を書いた使徒ヨハネだとされるが、いろいろな説がある。13番には名前がつけられていない。

　イエスは言った。

　「今しばらくわたしは君たちと一緒にいるが、君たちは私が行く所についてくることはできない」

　"なぜ今ついて行けないのですか。あなたのためなら命を捨てます"とペトロが気概をみせたが、イエスは言った。

　"鶏が鳴くまでに、あなたは三度わたしのことを知らないと言うだろう。"

●14章（節制）　イエス、父の家に里帰りすると言う

　「これから父の家に行って君たちを迎え入れる場所を用意して戻ってくる。自分がいなくなった後、君たちには別の弁護者の聖霊（真理の霊）を遣わすように父にはお願いしておくからね」

　14番（節制）の天使は別の世界へ橋渡しする存在だ。イエスが神のもとに帰ること、弟子たちに聖霊が派遣されることを暗示している。また、5章でも聖霊が降りてくる池が登場したことを思い出そう。同数価の章にはゆるやかな関連性が認められる。

『ヨハネによる福音書』と大アルカナの照応

◉15章（悪魔）　イエス、自分につながっているように言う

　イエスは自らをぶどうの木にたとえ、ぶどうの木につながっている枝は実りをもたらすが、はなれてしまっては枯れ枝となって燃やされてしまうという。

　これは皆がロープで繋がれている15番（悪魔）の図像によくマッチしている。イエスは弟子たちに言った。

　「わたしたちは友だ。主人と僕の関係ではない。互いに愛し合うという掟を守っているかぎり、私と君たちは友であり対等の存在なのだ」

　悪魔は他者を恐怖で縛って下僕や奴隷にするが、イエスは神の子なので、それを否定する。

　ところで、13章でユダはぶどうの木から切り離されてしまった。このときイエスがユダにソースに浸したパンを与えたのは、彼が切り離されても死なないようにするための特別なミサだったのではあるまいか。"わたしは命のパンである。わたしの肉を食べ血を飲む者は永遠の命を得る"と6章にある。13章でユダはイエスの言葉を守り、すべきことをするために出て行ったのではなかろうか。8章でイエスは"わたしはだれをも裁かない"と言っている。12章でも"わたしの言葉を守らない者がいても裁かない"と言っている。イエスはユダを裁かない。ヨハネによる福音書ではユダの死は語られていない。13番は無題であり、死とは書かれていない。

◉16章（神の家）　イエス、弟子たちに試練を予告する

　イエスは弟子たちに言った。

　「わたしは世を去って父のもとに行く。後で戻ってくるけどね。かわりに真理の霊（聖霊）が君らのところへやってきて導いてくれるから心配はいらない。イエスの名において、なんでも願い事をすればいい。そうすれば与えられ、喜びで満たされるよ」

　弟子たちは言った。

　「わたしたちはイエスを信じます」

　「でもね、君たちは家に逃げ帰り、わたしをひとりきりにする時がくるよ。

これから君たちには苦難が待っている。でも、勇気を出すんだよ」

　イエスは高きところにある父の家に上がり、その間、弟子たちは試練を受け、その後イエスは戻ってくるという。まさに神の家（16番）ではあるまいか。

　塔（神の家）は落雷に撃たれている。天なる父の意志で苦難に遭わされるのだ。バベルの塔で人々が散らされたように、皆がイエスを置いて蜘蛛の子を散らすように逃げていくのだ。

◉17章（星）　イエス、天に祈る

　イエスは天を仰いで、天にいる父なる神に願いをかけた。一つはイエス自身のことだ。

　「時が来たので私に栄光を与えてください」

　「時が来た」と言っているが、星の運行は季節の移ろいを告げるもの、時を指し示すものでもある。「栄光」とは十字架につき、その後、復活することだ。

　二つ目の願いは、弟子や彼らを信じる人々のためへの祈りであった。イエスをスターのように仰ぎ見る人々のための祈りである。

　このとき、空には星が輝いていたに違いない。星は願い事や祈りの象徴だ。

◉18章（月）　イエス、逮捕される

　祈りを終えたイエスは、13章で出て行ったユダに案内された兵士たちに、真夜中のうちに逮捕された。ユダがしようとしていたこととは、こういうことだったらしい。

　ペトロは剣で抵抗したがイエスは言った。

　"剣をさやに納めなさい。父がお与えになった杯は、飲むべきではないか。"

　イエスは抵抗せずに捕まり、弟子たちは関係ないのだからと解放させた。

　このあと、捕らわれたイエスを追って行ったペトロは、周囲の人々に「おまえ、イエスの弟子だろ」「イエスと一緒のとこを見たぞ」などと言われたが、13章でイエスが言っていた通り、彼はそのたびに「違う」と嘘をつく。夜毎に形を変え続ける月は、嘘の象徴だ。そのあとすぐに鶏が鳴き夜が明けた。このとき、他の福音書（マタイ、マルコ、ルカ）では、ペトロはイエスの言葉を思い出して激

『ヨハネによる福音書』と大アルカナの照応

しく泣く。

また、逮捕しにきた兵士は、象徴的には主人に飼われている猟犬であり、これも典型的な月のシンボルだ。13番（死）と18番には向きは違えどよく似た横顔が描かれており、二枚のカードがリンクしていることを暗示している。どちらも夜の側の支配者であり、刈り取り人なのだ。

この地方を治めるローマ人の総督ピラトが、ユダヤ人の訴えでイエスを取り調べたが、ユダヤ教とは関係のないピラトにはイエスに罪があるようには思えなかった。

●19章（太陽）　イエス、日干しになる

"ピラトはイエスを釈放しようと努めた"が、イエスを断罪する祭司長とユダヤ人たちに押し切られてしまった。

イエスはゴルゴタ（髑髏）の丘の上まで十字架を背負わされて歩かされ、そこで十字架につけられた。このときイエスの左右に一人ずつ、別の罪人が十字架につけられ、三本の十字架が立った。イエスは太陽の下で磔にされた。

イエスの十字架の上には、"ナザレのイエス、ユダヤ人の王"と罪状書きが掲げられたが、これでは罪状になっていない。ユダヤ人たちはこれに不満だったが、ピラトは変更を認めなかった。

イエスは十字架の上から、自分を見守っている母とそのそばにいた〈愛する弟子〉を養子縁組する。この弟子はイエスの母を自分の家に引き取った。〈愛する弟子〉とは、13章で登場した匿名の〈イエスが愛しておられた弟子〉だろう。

やがてイエスは十字架の上で"渇く"と言い、その後"成し遂げられた"と言って息を引き取った。

その後、"兵士の一人が槍でイエスのわき腹を刺した。すると、すぐ血と水とが流れ出た"という。

太陽（19番）から滴り落ちる十三滴の雫は、この血と水を暗示するかのようだ。太陽はイエス、下の二人の子供は共に処刑された二人の罪人だ。19番と13番はリンクしている。

イエスの遺体は弟子たちの手によって葬られた。

ちなみに、『ルカによる福音書』では、イエスと共に磔刑に処された二人が、イエスと言葉を交わしている。

"十字架にかけられていた犯罪人の一人が、イエスをののしった。

「お前はメシアではないか。自分自身と我々を救ってみろ。」

すると、もう一人のほうがたしなめた。「お前は神をも恐れないのか、同じ刑罰を受けているのに。我々は、自分のやったことの報いを受けているのだから、当然だ。しかし、この方は何も悪いことをしていない。」

そして、「イエスよ、あなたの御国においでになるときには、わたしを思い出してください」と言った。するとイエスは、「はっきり言っておくが、あなたは今日わたしと一緒に楽園にいる」と言われた。[3]"

19番の説明で双子の神話を複数紹介したが、二人のうち一人がいなくなったことを思いだそう。ここでも一人は救われ、一人は救われない。

◉20章（審判）　イエス、復活し墓から出る

朝早く、マグダラのマリアがイエスの墓が開かれているのを発見した。墓の中に白い衣の二人の天使がいて、マリアに言った。

「なぜ泣いているの？」

「イエスの遺体がなくなっているのです」

奇妙な話だ。マリアは天使が見え、会話もできるようになっている。

そこでマリアがふと後ろを振り向くとイエスが立っていた。ところがマリアはそれがイエスであると気づかず、墓園の管理人だと思ってしまう。相手が「マリア」と名前を呼んだことで、彼女はそれがイエスであることに気づく。

奇妙な話だ。復活したイエスは、別人の顔になっているのだろうか。

その日の夕方、弟子たちがユダヤ人による迫害を恐れ部屋に**鍵をかけて集まっていたところに**イエスが現れた。……少し気になるが先に進もう。

イエスは弟子たちに手とわき腹の傷を見せ、復活の証とした。

"父がわたしをお遣わしになったように、わたしもあなたがたを遣わす。"

3　『ルカによる福音書（23:39-43）』　新約聖書　新共同訳

イエスはそう言うと、彼らに息を吹きかけて言った。

"聖霊を受けなさい。だれの罪でも、あなたがたが赦せば、その罪は赦される。だれの罪でも、あなたがたが赦さなければ、赦されないまま残る。"

これに審判（20番）の天使と目覚めのラッパが関連しているのは明白だ。弟子たちに聖霊が吹き込まれたことで、彼らには審判者としての力が与えられたのだ。

このとき同席していなかった弟子のトマスは、他の弟子たちからこの話を聞かされても、「イエスの手の釘跡とわき腹に指をつっこんでみるまで信じない」と言った。八日後に再びイエスが現れ、トマスもイエスの復活を信じるに至ったが、イエスはトマスに言う。

"信じない者ではなく信じるものになりなさい。わたしを見たから信じたのか。見ないのに信じる人は、幸いである。"

トマスの科学する心を全否定しているが、信仰の道とはそんなものだろう。「明日も陽は昇る」などといった、誰もが簡単に受け入れられることを信じろという宗教は存在しない。にわかには信じられないことを信じろというのが宗教というものだ。審判の天使の下にいる三人は、みな手をあわせて祈っている。信じる人々が描かれている。

話を戻そう。イエスがトマスと弟子たちの前に現れたときの様子は、次のように書かれている。

"戸にはみな**鍵がかけてあったのに**、イエスが来て真ん中に立ち、……"

密室に突然イエスが出現したようだ。きっと前回もそうだったのだろう。復活したイエスは幽霊（霊体）みたいな存在なのだろうか。

14章でイエスは"しばらくすると、世はもうわたしを見なくなるが、あなたがたはわたしを見る"と弟子たちに語っている。復活後のイエスは弟子たちにしか見えないのかもしれない。

イエスが19章で十字架の栄光を受けたことで、弟子たちもワンランク引き上げられ、天使や霊となったイエスが見えるようになったのかもしれない。「見える、見えるぞ、私にも……、霊が」というわけだ。ただし、弟子たちは肉体を捨てたイエスとは異なり、肉体の世界にもまだ並行して存在している。

●21章（世界）　イエス、ペトロを教皇に任命する

　ペトロと弟子たちは夜明けに船で魚を捕る。ペトロは元・漁師だ。イエスが
指示したところに網を打つと魚がたくさん採れる。このときペトロは裸同然の
格好をしていた。21番（世界）の人物は裸同然のペトロで、体に巻き付けてあ
るのは束ねた漁網、アーモンド型の輪は船とも見える。

　獲れた魚とパンで、イエスと弟子たちの食事会が行われた。

　イエスはペトロに“わたしの小羊を飼いなさい”と命じた。今後は信者の世
話をしろということだ。このときイエスは三回も繰り返し「私を愛している
か？」と念を押し、ペトロに「愛しています」と言わせている。ペトロは初代
教皇になった。ペトロは小羊として羊飼いのイエスに飼われたことで、最後は
羊飼いにまで成長したわけだ。ペトロは今後、聖霊を受けた他の弟子たちと共
に、布教活動に邁進していくのである。

　一方、〈イエスが愛しておられた弟子〉が今後どうなるのかをペトロがイエス
に尋ねても、「おまえには関係ない」として答えてもらえない。

　この弟子はこれまで重要な場面で度々登場してきたのに、その行く末につい
ては何も語られず、読者の想像に任されたままで物語から出て行ってしまう。
全21章の物語の外にいる愚者の立ち位置を思わせる。

　ペトロがイエスから任された仕事は、羊を飼うこと、つまり教会の運営であ
り、イエスのパブリックな活動を支える役割だ。それに対し匿名の弟子は、イ
エスの胸もとに寄りかかったり、イエスの母を引き取ったりと、イエスの極め
てプライベートな領域にかかわっていることが示されている。

　この福音書を書いたのはこの匿名の弟子であると書かれている。ペトロがイ
エスに代わって神の羊飼いの座につこうとも、いかにイエスを愛していようと
も、〈イエスが愛しておられた弟子〉の領域には立ち入らせてもらえない。匿名
の弟子はそれを暗に示すことで、この福音こそ、よりイエスの真情を表す文書
なのだと主張したいのかもしれない。あるいは、読者こそが〈イエスが愛して
おられた弟子〉ということかもしれない。福音書に触れ、イエスと使徒たちと
の旅を追体験することで、イエスを信じて胸に近しく思い、イエスの母マリア

『ヨハネによる福音書』と大アルカナの照応　　　　241

を自分たちの母として愛すると心に誓う、信徒一人一人の象徴なのだ。

この福音書の最後の言葉はこうだ。

"イエスのなさったことは、このほかにも、まだたくさんある。わたしは思う。その一つ一つを書くならば、世界もその書かれた書物を収めきれないであろう。"

こうして世界の書物の表紙は閉じられた。おしまい。

輪廻転生の車輪

1番から3番までは、少年と少女が結ばれて少女が母親となるおはなしに読むことができた。それは卵細胞が外部からやってきた精子と結合し、受精卵となり細胞分裂の末、胎児になるプロセスとして見ることもできた。それは子宮の中の物語だ。

人が地上に生まれてくるとき、肉体ができあがるまで子宮の中で過ごす。胎児の心臓は動いているが呼吸はしていないので、生と死の中間的な段階にある。

4番は地上に生まれ落ちた赤子であるとともに、父親となった少年を意味した。4番から9番までは人が生まれて成長して老いるまでのプロセスが暗示されていた。

10番は後生車や狂人をたらい回しにしたという阿呆船のエピソードから、隠者の先には、墓に入ることや、この世の外に知覚の扉が開いてしまうことが待っていると想像できるが、その先の運命は不可知だ。死後の世界や来世があるのかないのか、これを証明した人はいない。しかしタロットの絵物語はこの先も続いている。

◉死のプロセス

TAROTはアナグラムでROTAとつづれることから、車輪という意味が内在していると言われる。

大アルカナを一周18枚の車輪状に展開したとき、その半周にはこれまでに説明した通り、受精卵から始まった人の成長段階が象徴的に示される（図32）。

図32

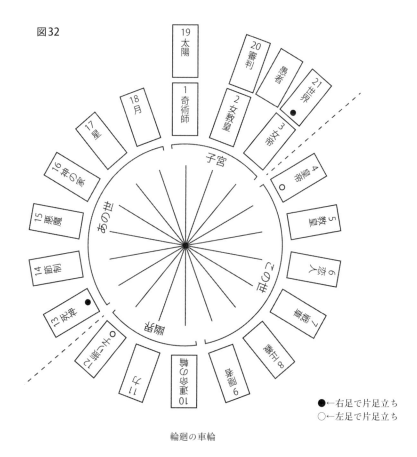

●←右足で片足立ち
○←左足で片足立ち

輪廻の車輪

　この車輪上で向きあって配置される二枚、もしくは三枚のカードは、同グループだ。4番（出産）の対岸にあるのは13番（死）だ。

　1番から3番の対岸にあるのは10番から12番。これは死の前段階のプロセスで、胎児のプロセスと同様、生と死の中間的段階とみなせる。死の手前にどのようなことが起きるのだろうか。

10番（運命の輪）
　　水くみポンプの車輪がゆっくりになり停止する。心臓が止まる。

11番（力）

心臓が止まったあとも、肉体は不随意的な反射運動をする。痙攣したり呼吸だけ続いたりする。肉体にはまだ力が残っている。

12番（振り子）

完全に力が抜けてしまう。

13番（無題）

死。

●臨死体験や幽体離脱のプロセス

　他人の死はこのように見えるが、自分の死は見えない。しかし臨死体験者は自分の死を主観的に経験したことがある人たちだ。手術を受けている自分の体を天井からながめていたとか、三途の川やお花畑を見たとか、すでに亡き人に会って話をしたとか、まだこっちに来るなといって追い返されたなどという体験をもつ人々がたくさんいる。

　意識的に行われる幽体離脱も臨死体験と同じようなことが起きるのだが、こちらは肉体から幽体が分離する過程をかなり冷静に自己観察できる。それに対して、臨死体験は望んでいたわけでもないのに、事故などでいきなり起きるので、心の準備ができておらず、あまり詳細に観察する余裕は持てないだろう。

　幽体離脱によって、肉体から幽体が分離する過程は次のようになる。

10番（運命の輪）

鼓動がゆっくりになり、心の動きが静止する。眠りにおちる一歩手前の状態になる。

11番（力）

金縛りが起きて全身が硬直する。大きな耳鳴りが聞こえたり、平衡感覚がおかしくなったり、体が揺れるように感じたりする。離れるか、離すまいか、幽体と肉体は葛藤している。

12番（振り子）

肉体から幽体が分離する感覚がくる。肉体から感覚が切り離され幽

体側に感覚が切り替わり、幽界を知覚するようになる。幽界にも五感や平衡感覚など、肉体と変わらぬ感覚が存在する。この世ならざる世界を散歩することができる。他人もいれば動物や幻獣もいる。空も飛べる。体脱中はゴムひもで引っぱられている感覚があって、肉体が引き戻そうとしているのがわかる。やがて引き戻す力にあらがえなくなり、肉体に戻ってくる。

10番から12番までは、死に近いが、まだ死は迎えていない。生と死の中間的段階にある。このあたりまでなら、生き返ることができるらしい。

あの世からこの世に生まれるときは、子宮の中で肉体ができあがるのを待たないといけないように、あの世に旅立つときも生死の狭間の領域で一定期間すごすことになるのかもしれない。

◉お葬式のプロセス

13番で死を迎える。14番以降のカードは死後の世界と考えることができるが、そこに突入した人が、どのような経験をするのか証明した人はいない。霊界無線機が発明されて死者と会話ができるというならともかく、臨死体験も幽体離脱も、リアルな夢を見ていたと言える以上の根拠が見いだせることは極めて少ない。だから、あの世のことをいくら推理しようとしても妄想にしかならないが、はっきりしていることもある。14番から18番までは、お葬式で行われることと関連性があることだ。

14番（節制）

日本に限ったことではないが、遺体は洗い清められ化粧なども施される。生まれてきたときは産湯につかったり、キリスト教圏の社会では洗礼を受けたりするが、死ぬときは湯灌される。誕生と死、どちらの側でも水による浄化が行われる。

節制の天使はエプロンをつけている。エプロンは汚れから服を保護するためのものだ。この天使は汚れ仕事や不浄とされる仕事をする

輪廻転生の車輪

人でもある。しかし誰かがやらなければいけない仕事だし、死者を弔う僧侶（5番）が聖なる仕事なら、葬儀屋（14番）も聖なる仕事だろう。天使の翼はそれを暗示している。

節制の天使はガブリエルや奪衣婆であった。死者は賽の河原あたりをさまよっていて、奪衣婆に服をはぎ取られたり、懸衣翁に生前の罪の重さを量られたりしているのかもしれない。

15番（悪魔）

結婚式（6番）は人を集めるが、お葬式（15番）も人を集めるものだ。通夜が開かれ、故人を偲ぶ人々が集まってくる。棺に入れられた冷たい遺体が安置された傍らで、集まった人々は酒を飲み鍋やお膳をつついて親睦を深める。これも見ようによってはサバトのようなものだ。葬式は義理や義務で出席せざるを得ないこともある。小悪魔たちがロープでつながれているのは、そういうことかもしれない。死者は三途の川を渡り終え、閻魔大王と謁見中だ。

16番（神の家）

集まった人々とのお別れの儀が終わると、遺体は火葬される。火葬だろうが、土葬だろうが、鳥葬だろうが、遺体は完全に破壊されるか、出てこられない場所に埋葬される。死者は地獄の責め苦の真っ最中か、そうでなければ煙になって天に昇っていったのであろう。

17番（星）

遺体は最後は自然に還る。死んだら星になるなどとも言われる。古い日本の死後観だと、亡き人は目には見えなくなったが、野で山で普通に暮らしているなどとも言われる。星を墓標にして死者は眠る。遺族の悲しみも少しずつ癒えていく。

18番（月）

人々は普段の生活に帰っていく。西洋占星術で月は過去を表すとされる。故人の死は遠い過去のことになり、何年かごとに法要が行われたりする。月のように周期的に法要は繰り返される。

第3章　タロットと物語

5番から9番までは人生の諸段階だったが、車輪の対岸の14番から18番はお葬式のプログラムとして見ることができ、かつ、三途の川や地獄といった俗信のおはなしともシンクロしていた。**お葬式のプロセスは人生の縮図なのだ。**

◉器作りのプロセス

人はよく器に喩えられたりする。せこい人間を指さして、「あいつは器が小さい」と言ったりする。この器とは肉体ではなく心の大きさ、魂（自我）の入れ物の大きさを言っているのだ。魂とその器は別のものなのかもしれない。大きな器を持っている人は、それだけ他人を受けいれる余裕があるということだろう。18番（月）で紹介した、ソーマやルーシュを蓄える器とも考えられる。

お葬式のプロセスは焼き物の器を作る工程ともシンクロしている。焼き物の器を作るときの工程を思い出そう。

13番（無題）

自然の中から器の原料となる粘土が採取される。

14番（節制）

採取された粘土は、水と混合され濾過され不純物の木の根や砂などが除去されたのち、精製された粘土になる。

15番（悪魔）

器の形が作られ、乾燥される。この段階の器は衝撃で簡単に壊れてしまうし、水を入れたら溶けてしまう。

16番（神の家）

かまどの熱で焼かれることで、粘土は変質し水に溶けなくなる。ただし、かまどの試練に耐えきれず、割れてしまう器もある。

17番（星）

自然冷却されて完成。できのよいもの、美しいものは保存され、できの悪いものは廃棄される。17番の娘が左右別々に、なにかを捨てていることに注意しよう。ここでも選別が行われることが暗示されている。

輪廻転生の車輪

18番（月）

　　できあがった器はプール（貯蔵）され出荷を待つ。

　14番から18番には、人の器が作り直される工程が描かれているようにも見える。作り直されて、再び生まれるのだ。

　それは生の側でも同じことが言えるだろう。若いころの自我は、やわらかく形が定まっていないが、経験によってだんだん形が作られてゆき、やがて試練の時が訪れ、それを超えることで確固たる自我が形成され、完成を迎えると、変化する力も失ってしまう。死後の世界に生まれたら、また似たようなことが待っているのかもしれない。

●再生のプロセス

　19番から21番は再び車輪上の1番から3番までと重なる。あの世をくぐり抜け、再生された魂（器？）が、再び出産のプロセスに入る。1番は受精卵（精子と卵細胞）だった。19番のレンガの柵は、子宮の中を表し、双子は卵細胞を、太陽とふりそそぐ水滴は外にいる男とその精子だ。双子は胎児とその胎盤が二人で一体となっていることを表している。

　受精卵は胎児の体になっていくが命はいつ宿るのだろう。受精から二ヶ月くらいすると心臓ができ、ある日、動き出す時が来るのだが、その最初の一撃がどういう仕組みで起きるのかはまだ謎とされている。20番の棺は子宮、その中でこちらに背を向けている人物は胎児、棺の外の二人の男女は両親だろう。

　2番は子宮への入口だったが、20番は肉体（胎児）への入口であり子宮からの出口であると考えられる。

　上空にいる天使は起床ラッパを鳴らし、胎児の心臓を起動させる。新しく作られた胎児の体に、命の息を吹き込む。

　死後に再生されたのは器にすぎず、そこに満たされる中身は、この世のものでもあの世のものでもないのだ。

　3番は母親を、12番は胎児を暗示し、21番は誕生する赤子とそれを取り囲む四大元素に象徴される物質的な環境を暗示している（**図33**）。天使の息である風

のような愚者は、20番の子宮という棺の中で作られた胎児の肉体に吹き込まれ、次なる世界(21番)に生まれ落ちる。世界の娘が両手を握っているように、赤子も両手を「グー」に握って生まれてくる。きっと目には見えないバトンとネックレスを握っているに違いない。

●片足立ちのサイン

大アルカナの中で21番、13番、12番、4番の人物は、片足立ちのサインを出している(次ページ図34)。12番は見やすさに配慮して上下逆に展開する。

皇帝は左足で片足立ちしている。まだ死んでいない12番も、皇帝と同様、左足で立っている。マルセイユ版の中で、左足で立っていることは、この世に属していることのフラグだ。

死神は右足で片足立ちしている。まだ息をしていない胎児である21番も、死神と同様、右足で立っている。右足で立つことは、あの世に属していることのフラグだ。

世界の輪(女陰)をくぐり抜け、生まれて落ちると、胎児は接地する足を変え、皇帝のように左足を大地につける。

図33

上：妊婦
中：胎児
下左：環境
下右：赤子

輪廻転生の車輪

249

図34

　　　右足で片足立ち　　　　　　　　　左足で片足立ち

◉あれでもなければこれでもねぇ

　マルセイユ版の図像はキリスト教文化を色濃く反映している。『出エジプト記』や『ヨハネによる福音書』とのダイレクトな照応関係も見てとれる。キリスト教に輪廻の思想はない。あっても異端の部類だろう。

　ところがカードの並べ方や解釈次第で、東洋的な輪廻思想が表現されているようにも見える。キリスト教のシンボルを使いつつ、東洋的な思想を描写しているようにも見えるわけだ。

　タロットは教会関係者から「悪魔の発明」とか「悪魔の本」などと言われ、禁止された歴史があるという[1]。これは絵に問題があったというよりは、庶民が賭事に狂うのを懸念したのだと筆者は想像するが、西洋的にも東洋的にも見えるというやり方のうえ、賭博用のゲームカードにすぎないとなると、異端思想だと断罪することは難しいだろう。悪魔の発明というのは言い得て妙だ。

　しかし思想が描写されているなどといったところで、寓意画でほんわりとほのめかされているだけだ。言葉ではっきりとは語らない。見る側が関連妄想を

1　バーバラ・ウォーカー　『神話・伝承事典　失われた女神たちの復権』　山下主一郎ほか／訳　大修館書店　1988年

250　　　　　　　　　第3章　タロットと物語（おはなし）

膨らませて解釈しているだけのことだ。教会関係者が、タロットに容認できないほど悪魔的なものを見たのだとすると、その人の頭の中が悪魔の事で一杯だったということだろう。他の人にはそんなものは見えなかったりもするのだ。

　タロットは西洋的と思って見ればそう見えるし、東洋的と思って見ればそう見える。カバラや西洋占星術や錬金術、色々な神話や昔話、あるいは現実の物語、世界中の文化風習がそこに映る（見いだせる）が、なにか一つの物語を示しているわけではない。様々な物語や事象を投影しやすいように、人間のライフサイクルという普遍的な秩序をテンプレートにして、各カードごとに適切なシンボルが配置されているだけだ。タロットは様々なものに似ているが、逆にいえば、**どれともぴたりとは一致しない**、どれでもないユニークな体系であり、その人の思想を映す鏡でもあるのだ。

　ミムスならこう言うだろう。

　「あれでもなければこれでもねぇ、どんな宗教でもスピリチュアルでもねぇ、占星術でも錬金術でもねぇ、遊びでつくっただましの本かもしれねぇし、そうじゃないかもしれねぇ」

　タロットは元々はゲームカードだ。きっと道化（愚者）が作ったのだ。

　「これは古代の失われた叡智だ」などとタロットに大きな評価を与える偉い先生たちを横目に、あるいはタロットに祈りを捧げたり瞑想したりする連中を横目に、愚者は、プー、クスクスと笑っているに違いない。

　いや、しかし、そうはいっても、これほどのゲームブックを作った道化は天才だ。

　だが、その道化がどこの誰かはわからない。もちろん作者が明白なタロットは多数あるが、あらゆるタロットは二次創作に次ぐ二次創作によってできている。どのタロットも誰かの模倣だし、その意味ではどのタロットも多数の人々による合作と考えられる。これまで何人が携わったのか数えることもできない。

　タロットは、番号のない不特定多数の道化の手による本なのだ。

輪廻転生の車輪

あとがき

●祐天寺タロット研究会

タロットの謎解きに夢中になっていたのは、もう四半世紀も前のことだ。

1996年に「祐天寺タロット研究会」(タロ研) というホームページを作って、それまで研究してきたマルセイユ版の謎解きを発表した (なぜ祐天寺かというと、当時、筆者が住んでいたのが、東京目黒区の祐天寺という町だったからにすぎない)。

シェイクスピアの詩とタロットが照応していることや、ゲマトリアで同じグループに属するカードが関係性を持っていること、女帝が妊婦であることや、神の家の空から降るのはマナであること、愚者が0番とは少し違っていることなど、そんなことを当時に発表した。

その当時のタロット・コンテンツのうち、「タロットおみくじ」だけは筆者のサイトに現在も残してある。当時、家内とテレビを見ていたら、このおみくじが紹介されていて、ずいぶん人気になっていたことを知った。

サイトで参加者を募集してタロット教室を開いたりもした。初回の講座は二十人以上が集まった。数人しか来ないと思っていたので面食らってしまい、冷や汗たらしながら、なにか一生懸命に話をしたことだけは憶えている。二回目の講座に来たのは一人か二人だった (笑)。

その後も研究会はほそぼそと続いたが、あまり長く続けることはできなかった。筆者はまだタロットのことを充分にはわかっていなかった。

当時、集まって下さった方々には、中途半端なまま放棄した筆者の未熟さをお詫びしておきたい。それから、ありがとう。

本書は「タロ研」の完全版だ。

●これであなたも違いのわかる人

　ほとんどのタロット本のカード解釈は、「感情」で思いついたことを列挙することに終始している。カードの意味をなぜそう解釈するのかという説明がなく、結論だけが書かれているのだ。たまに説明があっても、筋が通った説明がされていることは滅多にない。「考えるな、感じろ」というのがタロット占いとはいえ、結論だけを並べられても、読者はおいてけぼりというものだ。

　なぜ感情に流されるのかというと、本書で示したようなタロットの構造がまったく見えていないので、絵やタイトルの雰囲気に振り回されてしまうのだろう。そして二言目には善だの悪だの安っぽい道徳を語り始める。

　本書を読み、マルセイユ版のシンボルの構造を理解された読者が、様々な創作タロットに目を向ければ、ほとんどが「感情」に流されて情緒を描いていることに気づくだろう。色彩豊かで、エロスとタナトス、喜怒哀楽が強調されるが、その絵に込められている情報量、その絵が物語っていることは、マルセイユ版よりずっと少ないものだ。

　ただ、どのような絵を好むかは、人それぞれの好き好きだ。タロットを「読む」のではなく、「感じたい」という人には、ビビッドな感情型のタロットが魅力的に映るだろう。マルセイユ版は極めて思考型のタロットだと思う。

　しかし、本書を読むまで、読者はどのタロットも似たようなものにしか見えていなかったのではなかろうか。タロットを買うときも、絵の雰囲気の好き嫌いだけで選んでいたのではあるまいか。本書を読んだことで、タロットに対する識別眼も変わってくるだろう。これはマルセイユ版こそ至高といっているわけではなく、タロットの秩序を理解して描かれた創作タロットが見えるようになる、という意味だ。

●謝辞

　筆者にはどうしても本にして世に出したいテーマが二つあった。一つは幽体離脱を意図的に行う方法で、これはすでにアールズ出版から『幽体離脱入門』として刊行されている。二つ目のテーマはマルセイユ版の謎解きで、本書はそ

あとがき　　　253

れに当たる。どちらかというと、こっちのほうが本命だったりする。これで両方の荷を下ろすことができたので、実にすがすがしい気持ちだ。

　本書の構想はタロ研のころから温めていたが、タロットを解釈し、平たい言葉に翻訳するのはけっこう難しい。翻訳に失敗すると支離滅裂な電波文書や、思わせぶりなだけの粗悪なポエムになってしまう。うまい言い方を見つけるのに、多大な時間を費やしてしまった。

　タロットには男女両方の原理が描かれていて、その両方を理解しようとしたとき、どうしても男は女性原理に疎く、女は男性原理に疎く、一人だけではすべてのカードに理解を浸透させることは難しい。長年に渡る家内とのタロットをめぐる対話は、本書にとって無くてはならないものだった。書いたのは筆者だが、本書の中には家内が見つけたネタも多数含まれていることを告白しておこう。

　本書執筆の機会を与えてくださり、助言と助力を惜しまなかったアールズ出版編集部の金澤理氏には感謝に堪えない。本書の企画が通ったのが今から五年前。当初は三ヶ月で書き終える予定が、一年たっても仕上がらず、三年経過するころには、二十年以上書けないものがここに来て書けるわけがないとすっかり弱気になってしまったが、そのときの氏の甘言と励ましがなければ、本書が陽の目を見る機会は永遠に失われていただろう。厚くお礼申し上げます。

　　　2018年3月25日

著者略歴

大澤義孝

著書に「幽体離脱入門」「幽体離脱トレーニングブック」（共にアールズ出版）。
22歳のとき幽体離脱で不思議なアストラル世界を探検することに夢中になった。
長年に渡り、その現象や成功率を高める技法を研究。「誰でも練習すればできる
ようになる幽体離脱の方法」を提唱している。
幽体離脱してタロットカードを透視する実験を繰り返していたとき、タロットの
秩序や寓意に気づくようになった。それを手がかりにタロットの謎解きに取り組
むようになる。本書は二十五年に及ぶ独自のタロット研究の成果である。

E-Mail ◉ oobe@tetramorph.to（メールは大歓迎）
ホームページ ◉ http://tetramorph.to/

古典マルセイユ版から読み解く

タロットの謎

2018年7月2日　初版第1刷発行

著　者	大澤義孝
装　幀	中山銀士 ＋ 杉山健慈
発行者	森　弘毅
発行所	株式会社 アールズ出版
	東京都文京区小石川1-9-5 浅見ビル 〒112-0002
	TEL 03-5805-1781　　FAX 03-5805-1780
	http://www.rs-shuppan.co.jp
印刷・製本	中央精版印刷株式会社

©Yoshitaka Ohsawa, 2018, Printed in Japan
ISBN978-4-86204-299-6 C0011

乱丁・落丁本は、ご面倒ですが小社営業部宛お送り下さい。送料小社負担にてお取替えいたします。